모래상자치료사

연금술 여정의 임상 실습 가이드

모래상자치료사

연금술 여정의 임상 실습 가이드

김경희 저

동문사

서문

상징과 마음의 여정

심리치료의 역사는 늘 새로운 언어를 찾아온 여정이었다. 프로이트의 꿈 분석에서 시작해, 융의 상징 해석을 거쳐, 그리고 오늘에 이르기까지 치료는 인간의 내면을 설명할 수 있는 새로운 은유와 도구를 끊임없이 발굴해 왔다. 그 과정 속에서 등장한 모래상자치료는 단순한 '기법'이 아니라, 무의식의 상징 세계를 임상 현장에 직접적으로 가시화하는 창조적 장치라 할 수 있다.

우리는 살아가며 종종 길을 잃는다. 삶이라는 거대한 지도를 앞에 두고도 시작과 끝, 그리고 지금 내가 선 자리가 어디인지 알 수 없을 때가 있다. 그때 마음 깊은 곳에서 물음이 일어난다.

"나는 지금 어디쯤 와 있는가?"
"이 고통은 어디서 비롯된 것일까?"
"이 감정은 나를 어디로 데려갈까?"

그 질문들 앞에서, 말이 아닌 상징으로 대답하는 공간이 있다. 그것이 모래상자다. 모래상자는 치료사와 내담자가 만나는 제3의 공간이다. 모래상자는 판도라의 상자를 닮았다. 그 속에는 상처와 가능성이 나란히 깃들어 있다. 치료사는 말 대신 모래를, 논리 대신 상징을, 조급함 대신 기다림을 꺼내 놓는다. 그리고 고대 연금술사가 납을 금으로 바꾸듯, 눈에 보이지 않는 마음의 원소들을 하나씩 다룬다. 언어로는 표현되지 않는 감정, 무의식의 상징, 그리고 존재의 원초적 흔적들이 모래상자의 공간에서 형상화된다. 한 줌의 모래와 몇 개의 상징물들은 개인의 심연을 드러내는 매개체가 된다. 이는 융이 말한 '자기(Self)'와의 만남을 구체화하는 임상적 장치이자, 고대 연금술사의 실험실과도 같은 상징적 무대라 할 수 있다 (Jung, 1963/1991).

한국에서는 2004년, 한국모래상자치료학회가 창립되면서 본격적인 학문적 · 임상적 여정이 시작되었다. 그로부터 20년의 시간이 흐르는 동안, 학회는 모래상자치료의 정체성을 세우고, 분석심리학과 연금술적 사유를 바탕으로 하면서도 한국적 정서와 문화적 특성을 반영해 독자적으로 발전해 왔다. 한국적 집단무의식 속에 깊이 뿌리내린 '정(情)'과 '한(恨)', 그리고 관계 중심성은 치료 장면에서 뚜렷이 드러났으며, 이를 수용하고 체계화하는 과정에서 한국 모래상자치료의 독창성이 형성되었다. 창립자로서 나는 이러한 여정 속에서 모래상자치료가 단순히 서구의 이론을 모방하는 것을 넘어, 연금술과 분석심리학을 토대로 한 현대 심리치료의 확장된 한국적 모델로 자리 잡도록 노력해 왔다.

연금술에서 연금술사가 필수적이듯, 모래상자치료에서도 치료사의 역할은 결정적이다. 내담자는 치료사의 마음이라는 '그릇' 안에서 상상을 펼친다. 이 변화를 담아낼 수 있는 넓고 깊은 그릇을 지닌 치료사는, 내담자와 함께 존재하며 변화가 지속되고 성숙하도록 돕는다.

이 책은 모래상자치료를 배우려는 분, 임상 현장에서 활동하는 분, 그리고 자기 이해를 깊이 하고자 하는 모든 이들을 위해 쓰였다. 모래상자치료의 뿌리이자 핵심인 연금술의 대작업을, 준비부터 시작과 종결에 이르는 임상 여정을 안내한다.

연금술의 네 단계 — 니그레도(Nigredo, 흑화: 혼돈과 해체), 알베도(Albedo, 백화: 정화와 재구성), 시트리니타스(Citrinitas, 황화: 통찰과 성숙), 루베도(Rubedo,

적화: 통합과 실현) — 는 모래상자치료의 임상적 발달 과정과 내담자-치료사의 변환 경험을 해석하는 유효한 틀이 된다. 실제로, 무의식의 혼돈적 표현에서 시작해, 정화와 체계화, 성숙과 학문적 확장, 그리고 학제적 통합으로 나아가는 모래상자치료의 여정은 연금술적 대작업(Magnum Opus)의 구조와 병행한다.

연금술의 변환과정을 따라가며, 한 사람이 자신의 상처를 품고 회복해 나가는 길을 치료사의 시선에서 함께 바라본다. 그 길 위에서 치료사 자신도 내면의 변화를 겪게 된다.

모래상자치료는 치료사와 내담자가 함께 변환을 경험하는 쌍방향의 여정이다. 치료사는 자신의 그림자와 마주하며, 고통 속에서 생명의 씨앗을 품는다. 이는 마치 연금술사가 금속을 정련하며 동시에 자신의 영혼을 연마하는 과정과 같다.

이 책은 모래상자치료를 단순한 기법으로 이해하는 데 그치지 않고, 치료사의 내적 훈련과 변환 작업을 중심에 놓는다. 치료사는 내담자의 상징 세계를 '해석하는 전문가'라기보다 무의식적 상징이 안전하게 드러날 수 있는 심리적 그릇(vas)을 제공하는 존재이다. 따라서 모래상자치료는 치료사 자신이 연금술적 대작업을 살아가는 참여자임을 강조한다.

각 장은 이론적 설명과 더불어, 실제 임상의 훈련, 그리고 자기 성찰 과제를 포함하며 부록으로 지도자 대본을 첨부한다. 이는 연구자와 임상가가 단순히 개념을 이해하는 데 그치지 않고, 자신의 임상 현장에서 변환을 직접 경험하고 적용할 수 있도록 돕기 위함이다.

이 책이 세상의 빛을 보기까지, 용기 있게 무의식의 세계를 드러내 준 내담자들에게 가장 큰 빚을 진다. 또한 동료 연구자와 임상가들의 끊임없는 질문과 토론이 이 여정을 가능하게 했다.

흔쾌히 출판을 허락해 주신 동문사 사장님, 바쁜 일정에도 시간을 내어 여의도까지 찾아주신 신명선 부장님, 그리고 원고를 세심하게 편집해 주신 이딸기님께도 진심으로 감사드린다. 집필에 온 에너지를 쏟느라 소홀히 했던 가족들에게는 미안함과 동시에 깊은 고마움을 전한다.

그리고 끝까지 모래상자치료의 길을 포기하지 않고 걸어온 나 자신 — 김경희 — 에게 감사한다. "당신의 인내와 끈기가 이 책을 완성시켰다. 수고했다."

성장이란 단순히 지식을 쌓는 것이 아니라, 다시 시작할 수 있는 용기다. 그 시작은 작은 모래상자에서, 한 줌의 상징을 받아들이는 것에서 출발한다. 이제 우리는, 고대 연금술사들이 그랬듯, 임상이라는 현대의 '연금술 작업실'에서 새로운 변환을 이어갈 차례다.

이제, 그 길을 함께 걸어가 봅시다.

2025년 10월에

한국모래상자치료융연구원에서

김경희

차례

제1부

모래상자치료의 철학과 상징

제1장
모래상자치료의 연금술

"모래상자는 무의식의 무대이며, 거기서 우리는 말로 다다를 수 없는 심층을 상징으로 본다. 이는 연금술사가 도가니 속에서 금을 빚어내듯, 자기(Self)의 씨앗이 자라나는 자리다."

— C. G. Jung, Memories, Dreams, Reflections

Ⅰ. 서론

연금술사가 도가니 속에서 납을 태우고 금을 얻으려 했던 그 작업은, 사실 인간 영혼의 정련을 은유한다. 모래상자치료는 이 연금술적 상상력의 현대적 계승이라 할 수 있다. 융은 연금술의 이미지와 상징 속에서 무의식이 의식과 만나는 과정을 보았고, 이를 분석심리학의 핵심으로 발전시켰다.

한국에서 모래상자치료는 연금술과 분석심리학의 사유를 토대로 하면서도, 한국인의 정(情)·한(恨)과 관계 중심성 속에서 독자적인 임상 모델로 자리 잡았다. 한국의 모래상자치료는 연금술적 변환의 언어이자 한국적 심리치료의 확장된 철학으로 이해된다. 작은 상자 안에서 모래와 상징물이 빚어내는 장면은, 무의식의 혼돈이 드러나고 다시 통합으로 향하는 정련의 과정이다. 내담자는 자신도 모르게 자기(Self)의 씨앗을 표현하며, 치료사는 그 곁에서 상징의 변화를 지켜보는 동반자가 된다. 이 장에서는 연금술의 핵심 개념과 모래상자의 구조를 연결하여, 치료사가 자기작업을 시작할 수 있는 기초를 마련하고자 한다.

이 장은 그러한 자기작업의 문을 여는 첫 페이지다. 독자는 곧 모래상자에서 자신을 하나의 상징으로 만나게 될 것이다. 그리고 그 상징은 언어보다 먼저 도착한 내면의 목소리일 수 있다.

치료사의 길은 외부의 기준이나 방법론에 앞서 내면의 질서를 세우는 일에서 시작된다. 그 첫걸음을, 지금 이 모래상자에 놓인 상징과 함께 떼어봅시다.

Ⅱ. 핵심이론

1. 연금술이란?

연금술(alchemy)은 단순히 납을 금으로 바꾸는 신비주의적 금속 정련술로 오해되곤 하지만, 그것의 본래적 의의는 훨씬 더 깊은 존재론적이고 심리학적인 작업이다. 융은 연금술을 "영혼의 물질적 이미지화이며, 인간의 내면이 외부 세계의 상징적 실험을 통해 투사된 것"이라고 보았다 (Jung, 1944/1980).

융은 연금술을 고대 화학이 아니라 심리적 변환의 상징적 시스템으로 보았다. 그는 연금술적 이미지 속에서 자기(Self)를 향한 무의식의 운동을 발견했다. 연금술의 4단계 — Nigredo(혼돈), Albedo(정화), Citrinitas(통찰), Rubedo(통합) — 는 분석심리학의 심층과정과 평행을 이룬다. 이 단계는 단순히 내담자의 치유 과정만이 아니라, 그 장면을 함께 목격하고 참여하는 치료사의 내면 여정이기도 하다.

2. 모래상자와 도가니의 상징

1) 모래상자 = 심리적 도가니: 혼돈을 수용하는 공간

모래상자는 무의식이 투사되는 실험 공간이다. 사방이 닫힌 경계는 현실로부터 분리된 안전한 장을 제공하며, 그 안에서 감정과 상징이 자유롭게 드러난다. 융(Jung, 1955/1970)은 연금술의 도가니를 "영혼이 물질 안에 던져지는 용광로"라 불렀는데, 모래상자는 바로 그 심리적 도가니로 작동한다.

모래상자는 무의식적 변환이 일어나는 구조화된 심리 실험실이다. 사방이 닫힌 경계는 현실로부터 분리된 안전한 장을 제공하며, 그 안에서 감정과 상징이 자유롭게 드러난다. 그 안에서 벌어지는 상징의 조합, 균형, 방향, 상호작용은 일종의 내면 세계의 투사된 구조다.

연금술에서 '도가니(crucible)'는 모든 변화가 시작되고, 파괴되고, 재구성되는 근원적 전이의 장소였다. 물질은 도가니 안에서 불에 의해 정련되며, 납이 금으로 변화하는 상징적 전환은 이 안에서 발생한다. 융은 융합의 신비에서 도가니를 "영혼이 물질 안에 던져지는 용광로"로 보며, 연금술사가 실험하던 물질은 곧 그 자신의 무의식적 심리 질료라고 보았다(Jung, 1955/1970).

모래상자라는 공간은 하나의 상징적 도가니(vas hermeticum)로 기능한다. 치료사는 이 도가니 곁을 지키는 연금술사와 같다. 내담자의 무의식은 도형, 인형, 공간의 배열을 통해 언어로 말할 수 없었던 진실을 드러내고, 이는 점차 자아와 자기의 연결을 향한 표현으로 전개된다.

모래상자는 곧 심리적 도가니다. 내담자는 모래라는 감각적 매체를 통해 무의식의 질료를 외화하고, 그 안에서 상징을 형성하며, 감정과 기억을 정련한다. 이 공간은 현실과 환상의 경계이며, 융이 말한 '상징의 드라마'가 벌어지는 심리적 연극 무대다.

2) 그릇으로서의 모래상자: 감정, 상징, 상처를 '담는' 공간

연금술에서 도가니는 다양한 금속과 원질료를 함께 넣고 불로 가열하는 그릇이다. 이 도가니는 열과 충돌, 파괴와 재조합이 일어나는 폐쇄된 정련 공간이다. 이 안에서 물질은 죽고, 해체되며, 재구성된다. 융은 이 도가니를 심리적 공간의 상징으로 해석하면서, "연금술의 도가니는 무의식의 작용이 일어나는 심리적 장(場)의 이미지"라고 말했다(Jung, 1953, p. 244).

모래상자는 구조적으로 이 도가니와 동일한 폐쇄적 성격을 가진다. 사방이 막힌 모래상자는 현실로부터 분리된 경계의 공간으로, 내담자가 자신의 내면 세계를 투사하고 그 안에서 상징적으로 죽음과 재탄생을 경험할 수 있도록 돕는다. 도라 칼프는 이를 "작은 우주(microcosm)이며, 무의식이 자유롭게 드러날 수 있는 폐쇄된 그릇"이라고 정의하였다(Kalff, 1980, p. 27).

모래상자는 안전하고 폐쇄된 경계를 가진 공간으로서, 상징이 위험 없이 출현할 수 있는 심리적 온도와 압력을 유지한다. 이것은 도가니가 지나치게 뜨거우면 파괴를 초래하고, 너무 차가우면 변화를 일으키지 못하는 것과 동일하다. 치료사는 이 공간의 온도를 조절하는 자이며, 내담자의 정서적 감당 능력에 맞는 속도로 상징이 출현하고 정제될 수 있도록 열의 균형을 유지하는 연금술사적 조율자다.

모래상자는 심리적 감정과 무의식의 흐름이 안전하게 머물 수 있는 하나의 '그릇(container)'이다. 이 그릇은 외부 세계의 압박과 불안을 잠시 내려놓고 내면의 진동과 움직임을 '받아들일 수 있는 공간적 구조'를 제공한다. 분석심리학과 대상관계이론에서는 이러한 공간을 '심리적 용기(容器)' 혹은 '정신적 도가니'로 비유해 설명한다. 연금술의 도가니는 고온과 압력을 견디며 물질을 변화시킨다. 마찬가지로, 모래상자치료에서 치료사의 역할은 해석이나 조기 개입이 아니라, 심리적 그릇이 무너지지 않도록 지켜보며 지탱하는 것이다. 초기에는 무의미하고 혼란스러운 상징이 나타나지만, 치료사가 안전한 틀을 유지해 줄 때, 무의식의 재료는 점차 통합을 향한 변화를 시작한다.

3) 존재의 심리적 전이 공간으로서의 모래상자

모래상자는 존재의 심리적 전이 공간이자, 무의식이 머물 수 있는 상징적 그릇이다. 이러한 공간은 단지 심리적 상징이 떠오르는 장이 아니라, 몸의 감각과 행위를 매개로 무의식과 의식이 접촉하는 살아 있는 현장이다.

모래를 보는 시선, 소품과 교감하는 눈길, 손끝의 촉각, 팔의 움직임, 모래를 쥐는 압력, 모래 위를 가로지르는 인형의 움직임 등은 단순한 행동이 아니라, 내면에서 일어나는 심리적 운동의 외적 발현이며, 이는 곧 '몸이 기억하는 상징의 언어'이다. 연금술사가 불과 금속을 직접 다루는 감각적 행위를 통해 내면의 정련을 시도했듯, 모래상자에서의 신체 행위는 내담자가 자신의 심리 질료를 직접 다루는 체화된 정서 작용이다. 따라서 모래상자는 감각과 감정의 작업이 만나는 공간이며, 이 때 몸은 상징을 현실에 구체화하는 가장 원초적인 도가니이다.

몸은 기억하고, 감정은 몸을 통해 배치된다. 심리적 긴장은 몸의 근육 속에 각인되어 있으며, 감각은 과거의 체험을 현재화한다. 모래상자는 이처럼 '감각-감정-상징'이 연결되는 통합적 신체 공간으로 작동하며, 무의식은 이러한 감각-신체적 경험을 통해 안전하게 외화된다. 이처럼 몸은 모래상자의 용기 속에서 단지 작업을 수행하는 도구가 아니라, 무의식의 감정이 형상으로 전환되는 심리적 조형물의 창조자이다.

브래드웨이와 맥코어드(Bradway & McCoard, 1997)는 모래상자를 "심혼의 연금술을 담아내는 그릇"이라고 했다. 이 그릇 안에서 무질서해 보이던 상징들이 반복과 회기를 거쳐 점차 질서 · 통찰 · 중심화된 구조로 재편된다. 대상관계이론가 윌프레드 비온(Wilfred Bion)은 "정신적 그릇(containing mind)" 개념을 통해, 감정과 사고가 무조건적으로 받아들여질 수 있는 존재가 필요하다고 주장했다. 이는 분석가(또는 부모)가 환자의 감정을 일단 '받아들여' 다시 소화된 형태로 돌려줄 수 있어야 한다는 의미이다(Bion, 1962, p. 35). 이 개념은 모래상자치료에서 모래상자의 심리적 그릇의 신비를 반영한다. 이는 '상징의 자율성'과도 연결된다.

3. 모래상자치료의 연금술 변환 단계

1) 연금술의 궁극적 목표 — '영혼의 금화'

연금술의 핵심은 단순한 금속의 금화가 아니라, 영혼의 금화였다. 여기서 금은 변질되지 않는 최고 정수, 불멸과 완성의 상징이다. 연금술적 여정은 자기의 중심에 도달하는 심리적 순례였으며, 연금술사들은 이 과정에서 자신 안의 그림자를 만나고, 무의식의 질료를 체험하며, 그 속에서 통합된 자기(Self)의 형상을 발견하려 했다.

2) 연금술의 4단계와 심리 변환 과정

연금술적 변환은 전통적으로 네 단계로 나뉘며, 심층 심리 분석 과정과 평행을 이룬다. 이는 심리적 고통을 통과하여 새로운 자기로 나아가는 길을 상징하며, 내담자의 치유뿐 아니라 치료사의 내면 여정이기도 하다. 이 단계들은 심리적 변환의 상징적 여정을 보여주고 있으므로 융이 말한 자기실현(individuation) 과정과 깊이 맞닿아 있다.

① Nigredo(흑화) — 혼돈과 해체

심리적 어둠과 혼돈의 시기로, 내면의 그림자와 직면하며 무의식의 불순물이 드러난다. 이 과정은 고통스럽고 불안하지만 필수적인 자기 깨달음의 시작이다. 변환을 위한 도가니 속으로 들어가는 단계이다.

모래상자치료의 초기에 내담자는 심리적 방향을 잃고 깊은 암흑기를 경험한다. 모래상자에는 부서진 집, 쓰러진 인형, 검은 모래, 뒤엉킨 나무뿌리 등이 등장한다.

② Albedo(백화) – 정화와 재구성

내면의 혼란이 서서히 정화되고 의식이 맑아지는 시기이다. 감정과 생각이 투명해지며 내면의 빛이 솟아오르기 시작한다. 자기 이해와 수용이 깊어지는 변혁의 과정이다.

모래상자의 장면은 억압된 감정이 표면화되면서 마음이 씻기듯 정화되고, 상징과 이미지가 점차 밝아진다. 흰색 조개껍질, 흐르는 강물, 새벽하늘 등의 소재가 자주 등장한다.

③ Citrinitas(황화) – 통찰과 성숙

깊은 통찰과 깨달음의 단계로, 자기(Self)와 세계에 대한 새로운 시야가 열린다. 내면의 황금빛 빛깔처럼 지혜와 창조성이 발현된다. 자아와 무의식이 점차 통합되기 시작한다.

모래상자의 장면은 새로운 자기 중심의 자각이 형성되며, 삶의 방향과 의미가 떠오른다. 태양, 노란 꽃, 빛나는 나무와 같은 심상들이 등장한다.

④ Rubedo(적화) – 통합과 실현

심리적·영적 완성의 단계로, 내적 갈등과 분열이 해소되고 조화로운 자기실현에 도달한다. '붉은 빛'은 생명력과 창조적 힘의 충만함을 상징한다. 전체성(Self)의 통합과 삶의 새로운 질서가 완성된다.

모래상자의 작업에서는 의식과 무의식이 결합하며, 자기(Self)가 완성된 형태로 드러난다. 붉은 건축물, 온전한 마을, 서로 연결된 인물들이 상징으로 나타난다.

4. 상징과 무의식: 언어 이전의 세계

1) 상징은 체험이다 — 무의식의 언어와 상징의 작용

상징은 심리적 삶, 그 자체가 형태를 띠고 등장하는 '살아 있는 언어'이다. 특히 분석심리학과 모래상자치료의 문맥에서 상징은 무의식이 자아에게 말을 거는 방식이며, 해석보다 더 우선적으로 체험되어야 하는 존재적 메시지이다. 융은 상징을 "알 수 없는 것을 알려주려는 무의식의 자발적 언어"라 하였고, 이는 '아직 말로 표현할 수 없는 것'에 대한 무의식의 답변이자 요청이다(Jung, 1964/1989, p. 4).

모래상자에는 이러한 상징이 물리적이고 감각적인 형태로 등장한다. 즉, 내담자의 손으로 구성된 모래 위의 장면은 단순한 이야기나 설명이 아니라, 몸의 기억과 감정의 응축이 공간화된 상징적 조형물이다. 말보다 먼저 오는 감정, 언어로 설명될 수 없는 감각, 억압된 기억의 잔여물이 '모래의 감촉'과 '배치의 이미지'를 통해 드러날 때, 우리는 그 속에서 무의식의 본성을 본다.

2) 모래상자치료에서 상징은 함께 머물러야 할 장면'이다.

상징은 자아가 인식하지 못했던 '심리적 진실'을 포착한다. 상징은 언제나 자아가 다다르지 못한 경계에 존재하며, 그것이 해석될 때가 아니라 체험되고 기다려질 때 비로소 진정한 작용을 시작한다.

융에 따르면, 진정한 상징은 '의미를 갖는 것'이 아니라 '의미가 발생하는 장(場)'이다(Jung, 1944/1980, pp. 299-301). 이는 상징이 고정된 해석이 아니라, 지속적으로 자신을 드러내고 확장시키는 존재적 진동이라는 뜻이다. 상징은 살아 있는 체험의 구조로 작용한다. 즉, 상징은 인식의 결과가 아니라 무의식의 창조적 충동이 드러나는 살아 있는 구조이며, 무엇보다도 직접 체험되어야 할 내면의 움직임이다. 상징은 내담자의 감각과 정서, 행동 속에서 직접 느껴지고, 살아지는 것이다. 예컨대 꿈속의 뱀, 모래 위에 반복적으로 나타나는 집, 혹은 강의 이미지와 함께 머무는 시간이 내담자의 의식과 감정의 구조를 바꾸어가는 하나의 '자기(Self)의 징후'로 작동한다.

3) 통합적 상징으로 도가니-몸-모래상자 구조

도가니, 몸, 모래상자는 모두 상징을 체화하는 공간 구조이다. 도가니는 물질을 다루며 정신을 정련했고, 몸은 감정을 통해 영혼의 반응을 보여주며, 모래상자는 심리적 경험을 시각화하고 구체화하는 상징적 실험의 장이다. 이 셋은 서로 다른 시대, 다른 매체지만, 동일한 상징 원리에 따라 인간의 무의식을 형태화하고 통합하는 구조를 공유한다.

내담자의 몸은 도가니의 불처럼 상징을 조형하며, 모래는 몸의 감각을 깨우고, 상징은 감정을 가열하고 정련한다. 이 모든 과정은 존재 변환의 상징 체험이며, 융이 말한 "자기를 향한 영혼의 순례"로 볼 수 있다.

4) 모래상자치료에서 가장 중심이 되는 것은 '상징(symbol)'이다.

연금술에서 상징(symbolon)을 다루는 방식과 모래상자치료에서 상징의 이해는 깊이 닮아 있다. 연금술적 상징은 물질과 정신, 의식과 무의식, 인간과 신성을 연결하는 다리이며, 그 자체로 깊은 체험의 총체다. 연금술사들은 상징을 해석하기보다는 상징과 함께 머물고, 그것이 품고 있는 미지의 진실에 반응하고 참여함으로써 변환의 과정을 이어갔다. 융은 이를 "상징은 무의식의 의미를 감싼 살아 있는 형상이며, 그것은 설명이 아니라 경험되어야 한다"고 설명한다(Jung, 1964, p. 23).

모래상자치료에서의 상징도 이와 같다. 몸과 눈이 선택한 피규어 하나, 손을 통한 모래의 움직임, 공간 속의 배치 — 이 모든 것이 상징의 언어다. 내담자는 말로는 설명할 수 없는 내면의 진실을 이미지와 장면을 통해 드러내고, 그것을 치료사는 함께 목격하고 지지하는 존재가 된다. 상징은 분석의 대상이 아니라 체험의 공간이며, 무의식이 의식을 향해 다가오는 '사건'이다.

결론적으로 모래상자치료에서 상징은 단순한 '치료 도구'가 아니라, 치유 그 자체의 언어이며, 존재를 변환시키는 살아 있는 힘이다. 연금술에서 연금술사가 상징의 변화 과정을 신중히 관찰하며 영혼의 정련을 이어가듯, 치료사는 내담자가 창조한 상징의 세계를 해석하려 하기보다는, 함께 체험하고 존중하며 기다려야 한다. 상징은 말을 기다리지 않는다. 오히려, 그 자체로 말이고, 음악이며, 빛이며, 진실이다.

Ⅲ. 한국모래상자치료의 정체성과 전개

한국모래상자치료는 단순히 서구의 이론을 가져온 모방이 아니다.

2004년 한국모래상자치료학회 창립 이후 20년 동안, 우리는 연금술과 분석심리학을 기반으로 하면서도 한국적 정서와 문화를 담아냈다.

한국인의 집단무의식 속 깊이 자리한 정(情)과 한(恨), 그리고 관계 중심성은 모래상자 속 상징으로 자주 드러난다. 이러한 상징은 단지 개인의 심리만이 아니라, 관계적 · 공동체적 치유를 가능하게 한다.

한국모래상자치료는 해석보다 함께 머물고 지켜보는 태도, 지식보다 존재로서의 동반을 중시한다. 치료사는 무의식의 상징이 안전하게 드러날 수 있도록 심리적 그릇을 지켜내는 연금술사의 자리에 선다.

"한국모래상자치료는 연금술과 분석심리학의 토대 위에, 한국적 정서를 통합하여 공동체적 변환의 길을 연 심리치료다."

- 김경희

IV. 치료사의 성찰

치료사는 도구 이전에 '사람'이다. 치료실에 들어서는 순간, 그는 한 인간의 마음과 상처를 품고, 또 다른 한 인간의 치유 여정을 함께 걷는 동반자가 된다. 치료사의 자리는 권위나 통제의 공간이 아니라, 존재로서의 응시와 흔들릴 수 있는 감수성을 요구받는 자리다.

모래상자치료의 진정한 시작은 도구나 기법이 아니라 '치료사 자신의 내면'과의 관계에서 출발한다.

1. 내 안의 상징을 만날 준비

연금술의 첫 단계인 니그레도(Nigredo)는 혼돈과 어둠의 시기다. 치료사가 처음 모래상자와 마주할 때 느끼는 당혹감, 불안, 공허, 애매함은 바로 이 심리적 '암흑물질'과 연결된다.

치료사는 해석하거나 개입하지 않고, 그릇이 무너지지 않도록 지켜보며 지탱하는 역할을 한다.

무의식은 직선이 아닌 나선형으로 작동한다. 즉각적인 이해나 해결을 요구하지 않으며, 오히려 혼란을 견디고 그 속에서 새로운 상징이 자라날 시간을 기다린다. 자신의 심층을 탐색하지 않은 채 내담자의 상징을 해석하려는 시도는, 의미 없는 '지식의 외주화'에 불과하다.

2. 치료사의 "내면 훈련장"으로서의 모래

모래 위에 놓인 첫 상징을 보고 "이게 뭔가요?", "어떤 의미인가요?"라고 묻는 훈련생이 많다. 그러나 그 순간 필요한 것은 해석이 아니라, 그 이미지가 내 안에서 어떤 감정을 불러일으키는지를 '충분히 살아보는' 용기다.

그 감정이 불편하든, 서글프든, 말로 설명되지 않든 — 그 상징은 이미 내면에서 작용하고 있다. 그리고 그 상징을 살아보는 체험이 곧 치료사 자신의 '작업'이다.

치료사 훈련에서 중요한 것은 '해석'이 아니라 '경험'이다. 자신의 무의식과 만난 경험이 있을 때만, 내담자가 혼란 속에 있을 때 그것을 견디며 함께 있을 수 있는 힘이 생긴다. 융은 "진정한 변화는 앎이 아니라 체험에서 시작된다"고 말했다. 이 책에서 제안하는 치료사의 성찰 과제들은 바로 그 체험을 가능하게 하는 심리적 공간을 열어준다.

3. "나는 누구인가": 상징으로 나를 표현하기

실습 참가자들은 자신을 하나의 상징으로 표현하는 과제를 받는다. 이는 단순한 워크숍 활동이 아니다. 지금의 자신을 형상화하고, 그것을 타인과 나누는 순간, 치료사로서의 존재 전체를 정직하게 비추는 통로가 된다.

그 상징은 동물일 수도, 사물일 수도, 색일 수도 있다. 중요한 것은 그 이미지가 '지금 여기'의 나를 어떻게 드러내는지 진심으로 느끼는 것이다. 상징은 해석되어야만 의미를 갖는 것이 아니라, 살아질 때 의미를 갖는다.

치료사로서의 여정은 이제 막 시작되었다. 그 첫걸음은 "자신을 비언어적 방식으로 만나보는 일"이다.

V. 치료사의 성찰 질문

- 나는 왜 이 길을 걷고자 했는가?
- 내가 마주한 내면의 혼돈은 어떤 모습이었는가?
- 지금의 나는 어떤 상징으로 표현될 수 있을까?

VI. 요약노트

- 모래상자는 심리적 감정과 무의식의 흐름이 안전하게 머물 수 있는 하나의 '그릇(container)'이다.
- 연금술의 과정은 nigredo(해체) → albedo(정화) → citrinitas(통찰) → rubedo(통합)의 네 단계이다.
- 모래상자는 현실로부터 분리된 경계의 공간으로, 내담자가 자신의 내면 세계를 투사한다.
- 상징은 인식의 결과가 아니라 무의식의 창조적 충동이 드러나는 형식이다.
- 상징은 내면을 관통하는 변화의 에너지 그 자체이다.

VII. 핵심문장

- 모래상자는 반복과 회기를 통해 점차 질서, 통찰, 그리고 중심화된 상징구조가 형성된다.
- 모래상자 안에서 상징적으로 죽음과 재탄생을 경험할 수 있도록 돕는다.
- 상징은 일차적으로 해석되거나 설명되는 의미 단위가 아니라, 살아 있는 체험의 구조로 작용한다.
- 치료사는 해석하거나 개입하지 않고, 그릇이 무너지지 않도록 지켜보며 지탱하는 역할을 한다.

VIII. 자기점검 퀴즈

1. 연금술의 네 단계(Nigredo-Albedo-Citrinitas-Rubedo)는 어떤 심리적 과정을 상징하는가?

2. 모래상자가 '심리적 도가니'라 불리는 이유는 무엇인가?

3. 치료사의 역할은 해석자가 아니라 무엇으로 이해해야 하는가?

4. 당신이 최근에 만난 내적 상징 하나를 떠올려, 그것이 어떤 감정을 불러일으켰는지 적어보세요.

IX. 정답 및 해설

1. 무의식의 혼돈에서 시작해 정화, 통찰, 통합으로 나아가는 자기실현 과정이다.
2. 모래상자는 무의식의 질료가 외화되고, 감정과 상징이 정련되는 안전한 폐쇄적 공간이기 때문이다.
3. 치료사는 '심리적 그릇을 지켜주는 존재'이며, 내담자의 무의식이 안전하게 드러나도록 돕는 동반자다.
4. (개인적 서술 - 예시) "검은 숲 이미지는 나의 불안을 드러냈지만, 동시에 새로운 길로 들어서야 한다는 메시지였다."

Tip 활용 팁

- 이 요약노트와 퀴즈는 워크숍 종료 직후 복습 자료로 제공하거나, 다음 회기 시작 전 사전 활동으로 활용
- 자기점검 퀴즈의 서술형 문항은 개인 저널 작성이나 그룹 나눔 활동에 활용

연금술의 대작업 Magnum Opus Alchemiae

1장. 모래상자치료의 연금술

✱ 참여자 활동지

참여자는 지도자를 따라 활동하고 활동지를 작성한다.

주제: 연금술의 Nigredo

1단계: 도입 - 연금술의 불씨를 켜다

- **안내**: 오늘 워크숍은 당신의 내적 여정을 연금술의 변환 과정에 빗대어 돌아보는 시간입니다.
- **활동**: 눈을 감고 "내가 이 길을 걷는 이유"를 떠올리며 호흡을 가다듬습니다.

느낀 점을 짧게 적어주세요:

____

____

2단계: 질문 1 - 나는 왜 이 길을 걷고자 했는가?

- **안내**: 치료사로서, 또는 자기 여정의 동반자로서, 나는 어떤 이유로 이 길을 시작했을까요?
  단순한 직업 선택 이상의 내적 소명, 의미, 불씨를 탐색합니다.

나의 출발점, 불씨:

3단계: 질문 2 - 내가 마주한 내면의 혼돈은 어떤 모습이었는가?

- 안내: 연금술에서 니그레도(Nigredo)는 혼돈과 그림자의 대면을 상징합니다.
  나의 여정 속에서 마주했던 두려움, 좌절, 그림자는 무엇이었나요?

나의 혼돈과 그림자:

4단계: 질문 3 - 지금의 나는 어떤 상징으로 표현될 수 있을까?

- 안내: 지금의 나를 상징하는 이미지, 색깔, 사물, 신화적 인물을 자유롭게 떠올려 보세요.
  글로 적거나, 간단한 그림을 그려도 좋습니다.

지금의 나를 나타내는 상징:

그림: 나의 상징 이미지

마무리 성찰

오늘 적은 내용을 다시 읽으며, 나는 어떤 변화를 겪어왔고, 앞으로 어떤 여정을 걷고자 하는지를 한 문장으로 요약해 보세요.

나의 연금술 여정을 한 문장으로:

제2장
모래와 상징의
철학과 자연의 언어

"한 줌의 모래 속에
한 사람의 세계가 깃들어 있다."

— 고대 연금술사들의 격언에서

Ⅰ. 서론

모래는 단순히 흩어진 입자가 아니다. 그것은 의식과 무의식 사이를 잇는 다리이자, 상징이 뿌리내리는 심층의 대지다. 아이든 성인이든, 모래상자 앞에 앉으면 먼저 눈이 움직인다. 말보다 시선이 앞서고, 이어 몸이 반응한다. 잠시 침묵 속에 머물다가, 손이 천천히 모래를 건드린다. 그리고 어느 순간, 어떤 형상이 마치 스스로 솟아오르듯 모래 위에 나타난다. 이것은 단순한 놀이가 아니다. 이러한 원초적이고 본능적인 반응은, 인류가 오래전부터 '땅'과 '모래'를 통해 무의식을 표현해 온 깊은 역사적 기억을 반영한다.

상징은 인간 영혼이 스스로를 드러내는 언어이며, 모래상자는 그 언어가 피어나는 공간이다. 칼프(Dora M. Kalff)는 모래상자를 "자기(Self)를 향한 하나의 길이자 상징적 표현의 장"(Kalff, 1980, p. 28)이라 불렀다. 그녀에게 상징은 우연히 선택된 물건이 아니라, 무의식의 질서가 형상을 얻어 드러나는 표현이며, 자기(Self)와의 내적 대화를 여는 문이다.

융 또한 상징을 '의미가 넘쳐흘러 의식으로는 완전히 포착할 수 없는 심층적 이미지'(Jung, 1964, p. 66)라 했다. 이러한 상징은 꿈, 신화, 환상, 예술을 통해 의식 위로 떠오르며, 자아가 미처 알지 못한 자기를 가리킨다. 분석심리학의 관점에서 보면, 모래상자 속 상징 작업은 치료사와 내담자가 함께 무의식의 세계로 들어가는 하나의 성스러운 의례다.

이 장에서는 모래와 상징이 지닌 철학적·심리학적 뿌리를 따라가 본다. 왜 치료실의 모래상자가 단순한 물리적 장소를 넘어 심리적 공간, 곧 '영혼의 극장'이 되는지를 탐구한다.

모래는 기억한다. 우리가 알지 못했던 아픔과 오래된 소망, 그리고 말로 닿지 않는 진실을. 이 장은 그 진실을 만나기 위해, 치료사가 먼저 '상징과의 만남'을 경험하는 출발점이 될 것이다.

II. 핵심이론

모래상자치료는 단순히 도상(圖像)과 사물의 배치만을 의미하지 않는다. 그것은 '살아 있는 상징'의 언어를 배우는 자리이며, 인간이 고대로부터 지녀온 심층적 표현 방식과 다시 조우하는 과정이다. 이 표현 방식은 언어 이전, 또는 언어 너머에서 존재한다. 철학적 전통에서 이 세계는 수많은 상징으로 가득 차 있으며, 자연 또한 하나의 거대한 상징 체계로 이해되었다.

1. 플라톤의 이데아론과 동굴의 비유

1) 이데아 세계와 동굴의 비유

플라톤(Plato)은 감각으로 인식되는 모든 것은 참된 본질의 '그림자'에 불과하다고 보았다. 그의 대표적 비유인 동굴의 비유(The Allegory of the Cave)는 이데아 철학의 핵심을 형상적으로 드러낸다. 인간의 지각은 동굴 벽에 비친 그림자를 보는 것과 같으며, 참된 진리는 이 그림자를 만든 형상, 즉 이데아에 있다고 주장했다(Plato, Republic, 514a-520a).

2) 모래상자치료와 이데아론의 만남

모래상자치료는 플라톤의 동굴 비유와 깊은 연관성을 지닌다. 내담자는 자신의 내면을 직접 바라보지 못하고, 감정이나 기억의 '그림자'만을 경험한다. 그러나 모래상자라는 심리적 장(field) 안에서 이 그림자들이 구체적인 형상으로 드러난다. 이는 동굴 밖 빛을 향해 나아가는 철학적 여정, 즉 무의식에서 자기(Self)의 중심으로 향하는 심리적 여정이라 할 수 있다.

융(1969, p. 90)은 상징이 이데아를 향한 영혼의 회귀라고 하였다.

3) 상징의 장과 진리로의 길

우리가 감각하는 세계는 보다 깊은 실재를 반영하는 상징의 장이다. 인간은 이 상징을 통해 '진리'로 나아갈 수 있다. 플라톤의 제자인 플로티누스(Plotinus)는 '영혼이 본성 속의 상징을 읽을 수 있다'고 보았다. 이처럼 상징은 인간 존재와 우주를 잇는 중개자 역할을 하며, 무의식과 의식의 연결고리로 기능한다.

2. 아리스토텔레스의 에너게이아(ἐνέργεια, 현실태)

1) 에너게이아의 철학적 의미

아리스토텔레스의 에너게이아 개념은 단순한 '활동'이나 '실현'을 넘어선 깊은 철학적 의미를 지닌다. 이는 어떤 대상이나 존재가 자신의 잠재력(그리스어: δύναμις dynamis)을 실제로 발현하여 '지금 여기'에서 활발히 작용하는 상태를 말한다. 즉, 에너게이아는 충만한 존재로서 '움직이고 있는 생명력' 혹은 '활기찬 현존'이다.

2) 자연과 상징체계의 충만한 존재

에너게이아는 자연이나 상징이 단순한 잠재적 가능성에 머무르지 않고, 자신의 본질을 완전하게 드러내고 표현하는 충만한 상태임을 의미한다. 예를 들어, 씨앗이 가능성의 상태에서 건강한 나무로 성장하는 순간, 씨앗은 자연의 힘과 생명의 에너지가 온전히 활성화된 '에너게이아' 상태에 이른 것이다. 이때 자연은 내포한 힘과 질서를 현실로 드러내며 충만한 존재로 존재한다.

3) 상징의 활성화와 체험

상징 역시 단순한 표상이나 가능성에 머무르지 않고, 그 내포된 의미와 에너지가 실제로 활성화되고 '체험'될 때 비로소 진정한 에너게이아 상태에 이른다. 상징은 내면 깊은 곳에서 작동하며 인간을 변화시키고 의미를 실현하는 살아 있는 힘으로 작용한다.

4) 에너게이아와 존재의 현현

결국 아리스토텔레스의 에너게이아는 잠재력에서 벗어나 자신의 본질과 힘을 '현재'에서 온전히 발휘하는 상태이며, 자연과 상징이 그 자체로 충만한 존재로서 현현하는 것이다. 이로써 세계는 끊임없이 '활동하는 현존'으로 충만해지고, 모든 존재는 '빛나고 움직이는' 생명력을 갖게 된다.

5) 모래상자치료에서의 에너게이아 구체화

모래상자치료는 이 에너게이아 개념을 심리적 수준에서 구체화한다. 내담자는 초기에는 자신의 정서적 에너지를 말로 표현하기 어렵지만, 모래를 만지고 피규어를 선택·배치하는 과정을 통해 내면의 정서, 기억, 상상을 형상화하며 '표현'한다. 이 순간, 심리적 가능성은 외적 행위로 실현되고, 내담자의 무의식 내용이 하나의 형상화된 현실로 탄생한다.

에너게이아는 단순한 철학적 개념이 아니라, 내담자의 영혼이 스스로를 외부 세계에 드러내는 실존적 운동인 것이다. 이처럼 자연 또한 상징으로 충만한 존재임을 깨닫게 한다.

3. 융의 상징론: 무의식과 자연, 그리고 변환의 힘

모래는 흙의 가장 미세한 단위이자 고정되지 않은 자유로운 물질로서, 모래 위에 펼쳐지는 장면은 '자연' 그 자체가 인간 내면에서 다시 발화하는 순간이라 할 수 있다.

1) 융의 상징 이해: 무의식과 의식의 통로

융은 상징을 무의식이 의식과 소통하기 위해 만들어내는 자율적 언어로 보았다. 이러한 상징은 꿈, 신화, 예술, 그리고 모래상자 속 장면을 통해 드러난다.

모래는 단순한 물질이 아니다. 수많은 알갱이로 이루어진 모래는 무수히 나뉜 듯 보이지만 동시에 하나의 장(場)을 형성한다. 철학적으로 이는 원질료(prima materia)와 닮아 있으며, 인간의 정신 또한 작은 경험들의 조합으로 전체성을 이루는 점에서 모래와 같다. 자연 속에서 모래는 바람과물, 시간에 의해 깎이고 흩날리며, 존재의 무상성과 변환 가능성을 동시에 상징한다. 임상 장면에서 내담자가 모래를 만지고 흘리는 행위는 곧 감각적 자기표현이자 정서적 안정의 통로가 된다. 따라서 모래는 단순한 배경이 아니라, 무의식의 언어를 담아내는 치유적 매개체로 자리한다.

2) 상징의 양면성: 통합과 분열의 길

상징은 양면성을 갖는다. 이중적 특성을 지닌다. 따라서 상징은 한편으로 통합을 향해 나아가며, 다른 한편으로는 분열과 혼돈을 마주하게 한다. 이 양면성은 상징의 깊이를 보여주며, 상징을 단순한 '심리 기호'가 아닌 '변환의 힘'으로 이해해야 하는 이유이다. 모래 위에 나타나는 상징은 정적인 것이 아니라, 무의식의 흐름 속에서 탄생과 죽음을 반복하며 계속 새롭게 창조된다.

3) 치료사의 태도: 경청과 철학적 겸허

치료사는 상징의 흐름을 해석하거나 판단하기보다, 그 상징이 지닌 진실을 묵묵히 지켜보는 자세를 갖추어야 한다. 이는 고대 철학자들이 '자연의 법칙'을 따르려 했던 것과 같으며, 치료사 역시 '무의식의 법칙'을 경청하는 겸허함을 지녀야 한다. 우리가 이해하는 것보다 더 큰 세계가 존재하며, 그 세계는 우리 내면에서 상징이라는 형태로 말을 걸어온다는 믿음이 모래상자치료의 본질이다.

Ⅲ. 한국적 정신문화와 모래상자치료

한국인의 정신문화에는 깊은 정(情)과 한(恨)이 흐른다. 정은 타인과 관계를 맺고 마음을 나누려는 따뜻한 유대의 힘이며, 한은 풀리지 못한 고통이 응축되어 새로운 의미로 승화되기를 기다리는 내면의 정서다.

모래상자치료의 장면에서 정은 관계적 공명으로, 한은 상징적 변환으로 드러난다. 내담자가 모래 위에 쌓아 올리는 집, 무너진 다리, 다시 세워지는 나무는 단지 개인의 기억이 아니라, 공동체적 무의식이 반영된 상징이다. 정과 한이 교차하는 그 순간, 모래상자는 단순한 치료 기법을 넘어, 한국적 영혼의 울림을 담아내는 심리적 그릇이 된다.

"한국모래상자치료는 정(情)과 한(恨)의 정서적 깊이를 상징으로 승화시켜, 개인과 공동체가 함께 변환되는 길을 연다."

- 김경희

Ⅳ. 치료사의 성찰

모래상자 속에서 만나는 나

1. 치료사 내면과 모래상자치료

모래상자치료의 장은 내담자의 무의식을 드러내는 공간인 동시에, 치료사의 무의식을 비추는 거울이기도 하다. 내담자의 세계를 진정으로 이해하려면, 치료사 자신이 자신의 무의식과 만나는 정직한 경험에서 출발해야 한다.

2. 연금술의 대작업과 자기작업

고대 연금술사들은 납을 금으로 바꾸기 전, 실험 도구와 장소를 깨끗이 준비했다. 이는 연금술이 단순한 화학 반응이 아니라 내적인 순화와 통합의 작업임을 보여준다. 융은 연금술의 실패와 불순물이 치료사의 심리적 그림자와 동일시되며, 대작업(Opus Magnum)이 곧 치료사의 자기작업임을 설명한다(Jung, 1944/1968, pp. 227-230).

3. 치료사의 성찰의 시작과 중요성

치료사의 성찰은 상징적 작업의 시작이자 핵심이다. 치료사는 내담자보다 앞서 낯선 심리적 공간으로 들어가야 한다. 모래상자 속의 작은 상징하나, 동물 피규어가 치료사의 내면을 울리고 불편함이나 혼란을 일으킬 수 있다. 이런 반응들은 무의식의 문이 열리는 신호이다.

4. 칼프의 치료사 훈련과 경청

칼프(Dora Kalff)는 치료사가 모래상자에 조형하는 경험을 반드시 가져야 한다고 강조했다. 자신의 무의식이 만든 장면을 해석하려 하기보다, 그 장면이 들려주는 이야기에 '경청'하는 태도가 치료사 훈련의 핵심이다(Kalff, 1980, pp. 45-47). 이 훈련 없이는 내담자의 상징을 지적으로만 해석하거나 무의식적 투사가 발생할 위험이 있다.

5. 치료사의 성찰의 반복과 연금술적 변환

치료사의 성찰은 반복되는 여정이며, 정답을 찾기보다 열린 자세로 머무르는 것이 중요하다. 불편한 이미지도 중요한 메시지를 담고 있음을 잊지 말아야 한다. 그렇게 치료사 자신도 하나의 살아 있는 상징체계가 되며, 이 상징성의 자각이 치료실에서 강력한 치유적 기반이 된다.

Ⅴ. 치료사의 성찰 질문

나는 왜 이 장면에 끌릴까?
어떤 이미지가 나에게 부담스럽거나 꺼려지는가?
그 감정은 어디에서 왔으며, 나의 어떤 역사와 닿아 있는가?

이 질문들은 개인적 감정을 넘어서, 치료사의 '심리적 중심' 위치를 알려준다. 중심이 흔들리면 치료 과정에 혼란이 생기고, 중심을 잡으면 내담자에게 안정적인 존재가 될 수 있다.

Ⅵ. 요약노트

- 상징은 단지 해석의 대상이 아니라, 자연처럼 체험되는 것이다.
- 모래는 원초적 자연물로서, 무의식과 직접 연결된 상징의 매개체이다.
- 말보다 오래된 언어, 즉 상징의 언어는 내면세계와 외부 자연의 연결점이다.
- 모래상자치료는 이러한 상징을 통하여 존재론적, 체험적 접근을 가능케 한다.

Ⅶ. 주요 개념

용어	정의 및 의미
존재론적 상징	단순히 해석되는 기호가 아니라, 존재 전체를 감싸는 체험적 상징.
자연철학	인간과 자연, 우주를 하나의 생명체로 이해하는 사유 방식. 연금술의 근간.
상징과 언어	언어는 분절되고 설명적인 반면, 상징은 감각적·직관적으로 체험되는 자연적 이미지.
자연과 무의식	무의식은 자연과 닮았고, 상징은 그 다리를 놓아준다. 모래는 이 둘의 매개체.

Ⅷ. 핵심문장

- "상징은 말이 아니라 자연이다."
  - 상징은 해석이 아니라 체험의 언어이다.
- "모래는 무의식이 놀이하는 자연의 몸이다."
  - 모래의 물질성과 개방성은 상징의 자유로운 형성을 돕는다.
- "자연적 상징은 내담자의 영혼이 발화하는 언어다."
  - 언어보다 앞서 있는 상징은 무의식의 본래적 말하기 방식이다.
- "치료사는 상징을 해석하기보다, 그 존재를 '머물게' 해야 한다."
  - 성급한 분석보다, 체험적 공명이 우선이다.

IX. 자기점검 퀴즈

1. 모래상자치료에서 플라톤의 '동굴의 비유'가 갖는 의미를 설명해 보세요.

2. 아리스토텔레스의 '에너게이아(ἐνέργεια)' 개념이 모래상자치료의 상징 체험과 어떻게 연결되는지 설명해 보세요.

3. 한국적 정신문화인 '정(情)'과 '한(恨)'이 모래상자치료의 상징 작업과 어떤 방식으로 연결될 수 있는지 설명해 보세요.

X. 정답 및 해설

1. **정답**: 동굴의 비유는 인간이 현실에서 경험하는 것이 진리의 그림자일 뿐이라는 철학적 통찰을 담고 있으며, 모래상자치료에서는 내담자가 자신의 내면을 직접 바라보지 못하고 그림자(감정, 기억, 상징)로 마주하는 과정과 연결된다. 모래상자 속 상징은 이러한 그림자가 형상을 얻어 드러나는 장이다.
   해설: 플라톤의 동굴 비유를 임상에 연결하면, 모래상자는 무의식의 '그림자'를 구체적 상징으로 드러내는 공간이며, 내담자는 이를 통해 자기(Self)를 향해 나아가는 여정을 시작한다.
2. **정답**: 에너게이아는 잠재적 가능성이 현실에서 충만하게 발현되는 상태를 의미하며, 모래상자치료에서 내담자가 감정을 모래 위에 표현하고 상징으로 형상화하는 순간이 바로 에너게이아적 체험이다.
   해설: 씨앗이 나무로 성장해 본질을 드러내듯, 내담자의 감정과 무의식이 모래 속 장면으로 구체화될 때 잠재적 에너지가 현실로 드러난다. 이는 상징이 단순한 기호가 아니라 살아 있는 변환의 힘임을 보여준다.
3. **정답**: 정은 관계적 공명으로, 한은 풀리지 않은 고통과 상처가 상징으로 드러나며 변환되는 과정으로 연결된다. 따라서 모래상자 속 상징은 개인적 차원을 넘어 공동체적 치유와 변화를 가능하게 한다.
   해설: 한국인의 무의식에는 정과 한이 깊이 배어 있으며, 이는 모래상자 속 상징으로 반복적으로 등장한다. 무너진 다리, 다시 세워지는 나무, 모인 인물들의 형상은 정과 한이 상징적으로 표현되고 치유되는 과정을 드러낸다.

Tip 활용 팁

- 강의 후 복습 퀴즈로 활용.
- 응답 후 각 문항에 대해 소그룹 토론을 통해 다른 해석과 상징 감수성의 그룹 나눔 활동에 활용.

연금술의 대작업 Magnum Opus Alchemiae

2장. 모래와 상징의 철학과 자연의 언어

✱ 참여자 활동지

참여자는 지도자를 따라 활동하고 활동지를 작성한다.

주제: 상징과 자연의 언어

1. 핵심 개념 요약하기

다음 개념을 자신의 언어로 정리해 보세요. (각 항목 2~3줄 이내)

개념	나의 이해 (요약/정의)
존재론적 상징	
연금술의 자연철학	
상징과 언어의 차이	
자연과 무의식의 친화성	

2. 생각해 보기: 사유 질문

아래 질문에 자유롭게 성찰해 보세요. 글머리표, 그림, 비유 등 형식은 자유롭습니다.

1) "상징은 언어가 아니라 자연이다"라는 말이 당신에게 어떤 의미로 다가옵니까?

2) 당신은 '모래'라는 물질을 떠올릴 때 어떤 느낌, 기억, 상징을 떠올리나요?

3) 당신의 치료실(또는 내담자의 모래상자 안)에서 관찰한 '자연물' 또는 '자연적 이미지'는 어떤 것이 있었나요? 그 상징은 어떤 메시지를 전하고 있었나요?

3. 상징의 드로잉

다음 주제 중 하나를 골라, 자신만의 상징 이미지를 그려보세요.
간단한 선 드로잉, 색채 조합, 콜라주, 도형 등 표현 방식은 자유롭습니다.

1) 내가 느끼는 '자연'과 '치유력'을 상징으로 표현하기

2) '모래'라는 물질이 상징하는 나의 심리적 이미지

그린 뒤, 아래에 상징에 대한 짧은 설명을 써보세요.
(이 이미지가 말해주는 것, 나에게 중요한 이유 등)

그림: 상징이미지

4. 인용문 명상

다음 인용문을 천천히 읽고, 마음에 와닿는 단어를 밑줄 긋고, 그 느낌을 적어보세요.

1) "상징은 영혼의 언어이며, 그 기원은 말보다 깊고 오래되었다".

2) "상징은 말로 설명되지 않지만, 존재로서 느껴지고, 자연처럼 체험된다."

이 문장이 내게 말해주는 것, 또는 내게 떠오르는 이미지:

5. 실습을 위한 준비 (선택)

아래 질문은 소그룹 나눔, 실습 전후 회고, 또는 저널 작성에 사용할 수 있습니다.

1) 당신의 치료적 여정에서 '자연'이 어떻게 개입되었나요?

2) 당신에게 상징은 '이해하는 것'인가, '느끼는 것'인가? 그 이유는?

6. 오늘의 한 줄 요약

오늘 활동과 성찰을 한 줄로 요약해보세요.

"오늘 나는…" / "상징은 나에게…" / "나는 이 장에서…" 등으로 시작해도 좋습니다.

제3장

무의식의 언어를 읽는 눈

"무의식은 상징으로 말한다. 우리는 그 언어를 해독하는 눈을 배워야 한다."

— C. G. Jung

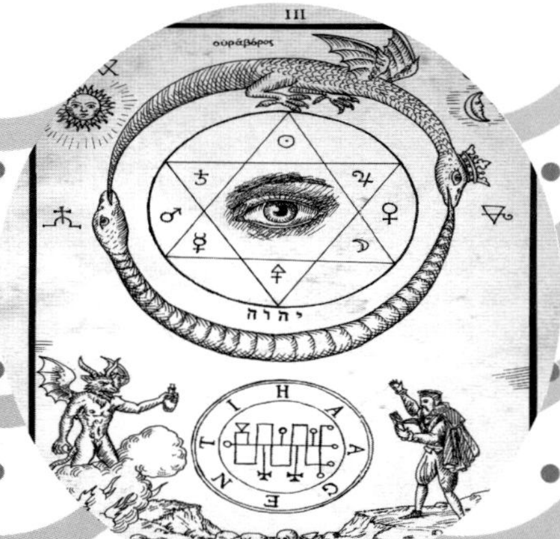

Ⅰ. 서론

모래상자치료 장면에서 우리는 '말해지지 않은 것'과 마주하게 된다. 아이든 성인이든, 모래 위에 펼쳐지는 세계는 언어보다 앞서 있으며, 그곳에서 표현되는 것은 설명이 아니라 상징이다. 상징은 단순한 표상이 아니라, 무의식이 외부 세계와 소통하는 다리이자, 의식과 무의식 사이를 이어주는 다층적 의미의 그릇이다.

분석심리학에서 상징은 중심적 개념이다. 융은 상징을 알려진 것과 알려지지 않은 것 사이를 잇는 살아 있는 언어로 보았다(Jung, 1964/2023). 그는 상징이란 "그 자체로는 설명될 수 없지만, 체험되고 느껴지는 것"이라고 말하며, 꿈, 신화, 종교, 예술, 그리고 치료 장면에서의 모든 심상(imagery)을 상징의 언어로 보았다.

이 장에서는 분석심리학에서 상징이 어떤 방식으로 이해되고, 무의식은 어떤 '문법'으로 상징을 생성하는지를 다룬다. 우리는 이를 통해 다음과 같은 질문을 따라가게 될 것이다.

- 무의식은 어떻게 상징을 만들어내는가?
- 상징은 왜 항상 '이중적'이고 '열려 있는' 의미를 갖는가?
- 치료사는 상징을 '해석하는 자'인가, '함께 머무는 자'인가?
- 상징은 치료 과정에서 어떻게 '변환의 에너지'가 되는가?

상징을 읽는 눈은 이론적 지식만으로는 자라나지 않는다. 그것은 반복되는 실습, 내면 작업, 상징과의 관계 맺음을 통해 자라나는 감각의 언어다. 이 감각은 내담자의 세계 안에서 일어나는 모든 상징적 사건들을 감지하게 하고, 그 안에 흐르는 심리적 전환과 무의식의 메시지를 읽어내는 상징 감수성(symbolic sensitivity)으로 이어진다.

이제 우리는 '상징'이라는 미지의 언어와 마주한다. 그 언어는 단순한 기호가 아니라, 삶을 전환시키는 내적 체험이다. 이 장은 바로 그 상징을 '읽는' 눈, 즉 무의식의 언어를 해석하는 것이 아니라 '경청하고 응답하는' 태도를 기르는 여정을 안내하고자 한다.

II. 핵심이론

1. 상징(symbol)의 정의: 미지의 것을 향한 다리

융은 상징을 "알려지지 않은 어떤 것을 표현하려는 시도이며, 그것은 단순한 표상이 아니라 경험의 총체를 포함한 이미지"라고 정의하였다(Jung, 1964/2023).

상징은 표상(representation)이나 신호(sign)와 구별되며, 단일한 의미로 환원되지 않는다. 즉, 상징은 항상 '열려 있는 의미'를 가지며, 해석되기보다 경험되어야 하는 것이다.

상징은 다음과 같은 특성을 지닌다.

- 다층성: 하나의 상징 안에 여러 의미와 심리적 차원이 공존한다.
- 이중성: 의식이 이해하는 면과 무의식이 투사하는 면이 함께 존재한다.
- 진화성: 개인의 의식 성장에 따라 상징의 의미도 함께 변화한다.
- 자기(Self) 지향성: 진정한 상징은 자기를 향한 무의식의 안내 역할을 한다.

예를 들어 '꿈속의 '바다'는 단순한 물이 아니라, 감정, 무의식, 모성, 경계 없는 자기의 이미지로 다양하게 작용할 수 있다.

2. 이미지와 상징: 유사하지만 다르다

이미지는 시각적이거나 감각적으로 떠오른 '형상'이며, 상징은 그 이미지에 심리적 의미와 무의식적 에너지가 결합된 것이다.

즉, 모든 상징은 이미지이지만, 모든 이미지가 상징은 아니다.

구분	이미지(Image)	상징(Symbol)
정의	감각적·시각적 형상	의미와 무의식을 지닌 심리적 구조
특징	일시적, 구체적, 표현 중심	다의적, 변화 가능, 체험 중심
예시	나무, 뱀, 바위의 모습	나무 = 생명, 뱀 = 변환, 바위 = 고립 또는 중심성

이미지가 상징으로 살아나기 위해선, 감정, 맥락, 반복성, 무의식적 전이 등이 필요하다.

3. 무의식의 언어: 상징의 문법과 구조

무의식은 직접 말하지 않는다. 대신, 꿈, 환상, 모래상자 속 장면, 예술적 표현, 신화적 이야기로 메시지를 전한다.

이 무의식의 언어는 다음과 같은 특징을 가진다.

- 아날로기적(analogical): 직유나 은유를 통해 전달된다.

  (예: "나는 쇠창살 속에 갇혀 있었다.")

- 상징적(symbolic): 직접적 설명 없이, 감정과 구조를 함축한다.
- 순환적(circular): 직선적인 서사가 아니라 반복과 회귀로 구성된다.
- 자기보정적(self-regulating): 의식의 불균형을 바로잡으려는 방향을 갖는다.

모래상자에서 반복적으로 등장하는 상징은 무의식의 자기조절 신호일 수 있다.

4. 상징과 전이: '관계' 속에서 상징이 자란다

- 상징은 치료사와 내담자의 관계 맥락(전이-역전이) 안에서 살아 움직인다.
- 상징은 '객관적 의미' 이전에, 치료 장면 안에서 어떤 에너지로 작동하는가가 중요하다.
- 상징은 종종 전이의 매개로 등장한다. (예: 모래상자 속의 '괴물'이 실제로는 치료사에 대한 양가감정일 수 있음)
- 역전이를 통해 치료사는 상징의 그림자 혹은 통로가 될 수 있다.
- 상징을 해석하기 전에, 그것이 어떤 '관계 안에서' 등장했는지를 이해해야 한다.

상징은 관계 안에서 살아 있으며, 정적인 기호가 아니라 역동적인 상호작용의 언어이다.

5. 상징 감수성(symbolic sensitivity): 분석심리 임상의 핵심 역량

'상징을 읽는 눈'은 지식보다도 감수성에서 비롯된다.
이 감수성은 다음과 같은 요소로 구성된다.

- 해석보다 경청: 상징이 무엇을 말하는지를 '읽으려' 하기보다, 그것이 어떻게 존재하는가를 느끼기
- 비판단적 태도: 상징은 좋고 나쁜 것이 아니라, '그 자체로 의미'
- 의식과 무의식의 이중 시선: 현재 드러난 상징의 의미와, 그 너머의 가능성까지 보는 태도
- 개인-집단-신화적 차원의 중첩 읽기: 상징은 개인심리, 가족문화, 집단무의식의 층위를 모두 가질 수 있음

결론적으로 상징은 말보다 오래된 언어이며, 단순한 기호가 아니라 변환의 에너지이다. 무의식은 상징을 통해 자기(Self)를 향해 움직이며, 치료사는 이를 해석하는 자가 아니라 함께 머무는 자이다. 상징 감수성을 통해, 임상가는 모래 위에 드러나는 심리적 진실의 언어를 읽어낼 수 있다.

Ⅲ. 치료사의 성찰

상징은 분석심리학에서 무의식이 우리에게 말을 거는 방식이며, 그 자체가 하나의 살아 있는 언어이다. 그러나 상징을 진정으로 '듣는' 일은 단지 그 의미를 해석하거나 설명하는 데서 멈추지 않는다. 그것은 상징이 불러일으키는 감정, 몸의 반응, 기억, 이미지와 함께 머무는 일이다. 즉, 상징을 통과하는 자기 감수성이 치료사의 임상적 직관과 이해를 형성한다.

치료사 자신이 상징에 민감하게 반응하지 못할 때, 우리는 내담자의 상징적 표현을 평가하거나 조급히 해석하려는 유혹에 빠진다.

분석심리학에서 말하는 '상징 감수성'(symbolic attitude)은 무의식과의 관계에서, 특히 상징이 살아 움직이는 공간을 창조하는 데 핵심적인 태도이다. 이는 앎보다 '모름'을 견디는 힘이며, 상징의 개방성과 다의성을 품고 머무르는 능력이다.

예를 들어, 어느 날 한 꿈속에서 나비가 나의 어깨에 내려앉았다고 가정해보자. 이 장면을 '변화의 상징'이라 단정하기보다는, 그 이미지가 불러일으키는 느낌을 조용히 음미해 보는 것이다.

- 나비의 움직임은 어땠는가?
- 나는 어떤 감정을 느꼈는가?
- 그 장면이 지금의 내 삶과 어떤 대화를 시도하고 있는가?

이와 같은 태도가 바로 상징과의 살아 있는 관계를 가능하게 한다.

모래상자치료 현장에서 마주하는 작은 피규어 하나, 색감의 흐름, 공간의 구성은 모두 상징의 언어이다. 그것들은 종종 치료사 자신의 무의식에 반응을 일으키기도 하며, 그 감응은 해석보다 더 깊은 통찰로 이어지기도 한다.

- 나는 이 장면을 보며 무엇을 느끼는가?
- 어떤 이야기가 내 안에서 함께 흘러나오는가?

상징을 읽는 눈은 먼저 '상징을 살아보는 감각'에서 자라난다. 이는 곧 치료사의 성찰 능력과 직결되며, 상징과 무의식에 대한 경험적 언어를 축적해 나가는 길이다.

Ⅳ. 치료사의 성찰 질문

- 최근 꿈, 이미지, 예술작품, 모래상자 등에서 나에게 깊이 남은 하나의 상징은 무엇이었습니까?
- 그것은 나에게 어떤 감정을 불러일으켰습니까?
- 지금 내 삶의 어떤 부분과 연결되어 있다고 느끼나요?
- 치료사로서 내가 가장 '해석하고 싶은 유혹'을 느낄 때는 언제입니까?
- 그 순간 내 안에 어떤 조급함이나 불안을 느끼나요?
- 나는 '모른 채 머물기'와 '상징이 말하도록 기다리기'를 실천한 경험이 있나요?
- 그것은 나에게 어떤 내면의 움직임을 가져왔습니까?

성찰의 문장

"상징을 해석하는 힘보다 중요한 것은, 그 상징이 나에게 어떻게 말을 걸고 있는지를 경청하는 태도입니다."

핵심개념과 치료사 성찰을 마무리하면서, 당신에게 질문을 남긴다.

- 지금 나의 내면은 어떤 상징을 통해 나에게 말을 걸고 있는가?
- 그리고 나는, 그 상징을 들을 준비가 되어 있는가?

V. 요약노트

1. 상징이란 무엇인가?

- 상징(symbol)은 의식과 무의식을 연결하는 다리이며, 무의식의 언어이다.
- 상징은 하나의 고정된 해석이 아니라 다양한 층위를 가진 살아 있는 의미이다.
- 분석심리학에서 상징은 자기(Self)와의 대화를 가능하게 하는 중재자이다.

2. 분석심리학의 관점에서 본 상징의 기능

- 상징은 무의식의 내용을 의식에 전달하며, 자기실현의 과정을 이끈다.
- 상징은 감정, 이미지, 기억, 행동 등 다감각적 층위에서 경험된다.
- '직관', '느낌', '상상력'을 통해 상징은 깊은 통찰로 전환된다.

3. 상징 감수성(Symbolic Attitude)의 중요성

- 상징 감수성이란 상징과의 관계에 대해 개방적이고 인내심 있는 태도를 말한다.
- '해석'보다 '머무름', '알기'보다 '경청'의 태도가 우선된다.
- 상징을 향한 감정적 반응과 체험은 치료사의 자기 성찰을 통해 다듬어진다.

4. 모래상자치료에서의 상징 작업

- 모래상자 안의 상징은 내담자의 무의식적 세계를 구체화한 표현이다.
- 분석적 태도를 가진 치료사는 '상징의 언어'를 함께 들어주는 존재이다.
- 상징은 모래상자 속에서 형상화되고, 관계 속에서 살아난다.

5. 상징을 통한 자기 이해

- 상징을 통해 자신에게 말을 거는 무의식의 흐름을 인식하게 된다.
- 이는 치료사의 상징 체험 능력, 감수성, 분석적 사유의 통합을 요한다.
- 상징은 자기와의 관계를 심화시키는 길이 된다.

VI. 핵심문장

- "상징은 무의식이 우리에게 말을 거는 살아 있는 언어이다."
- "분석심리학에서 상징은 자기와의 대화를 가능하게 하는 다층적 매개체이다."
- "상징 감수성은 해석을 지연시키고, 상징과 함께 머무르는 능력에서 자라난다."
- "모래상자 안의 상징은 내담자의 무의식이 시각적으로 드러난 장(場)이다."
- "상징은 해석이 아니라 체험이며, 치료사의 내적 반응은 중요한 분

석 자료이다."

- "자신에게 다가온 상징을 통해 치료사는 자기 자신과 더 깊이 만난다."

Ⅶ. 자기점검 퀴즈

1. 상징(symbol), 이미지(image), 신호(sign)의 차이를 서술하고, 왜 분석심리학에서 상징을 핵심 개념으로 다루는지 설명해 보세요.

2. "모든 상징은 이미지이지만, 모든 이미지가 상징은 아니다."라는 문장을 임상 장면의 예와 함께 설명해 보세요.

3. 무의식의 언어가 가진 특징(아날로기적, 상징적, 순환적, 자기보정적)을 설명하고, 그 중 한 가지를 구체적 사례와 연결해 보세요.

4. 치료사가 상징을 다룰 때 해석자가 아닌 '함께 머무는 자'가 되어야 하는 이유를 설명해 보세요.

Ⅷ. 정답 및 해설

1. 정답: 신호는 단일 의미를 지닌 단순 지시, 이미지는 감각적 형상, 상징은 다층적 의미와 무의식적 에너지를 포함하는 살아 있는 언어이다. 분석심리학에서 상징은 무의식이 의식과 소통하는 통로이자 자기(Self)를 향한 안내이기 때문에 핵심 개념으로 다루어진다.
   해설: 상징은 환원 불가능하고 열려 있는 의미 구조를 지니며, 단순 표상과 달리 무의식적 변환과 치유를 이끄는 힘을 가진다. 따라서 상징은 단순한 기호가

아닌 변환적 에너지의 매개체다.

2. 정답: 이미지가 상징으로 살아나려면 감정적 울림, 맥락, 반복성, 무의식적 전이가 필요하다. 예를 들어, 내담자가 모래상자에서 단순히 나무를 배치했다면 이는 이미지일 수 있지만, 동일한 나무가 반복적으로 등장하고 그 과정에서 내담자가 생명·회복·성장의 감정을 느낀다면 그것은 상징으로 작용한다.

   해설: 상징은 단순히 보이는 형상에 그치지 않고 무의식적 의미가 활성화될 때 살아난다. 따라서 임상에서는 이미지와 상징의 차이를 구별하는 것이 중요하다.

3. 정답: 무의식은 직유·은유를 통해 전달되며(아날로기적), 상징으로 함축적 메시지를 담고, 직선적이 아닌 반복·회귀로 구성되며(순환적), 의식의 불균형을 보완하려는 자기보정적 성격을 가진다. 예: 반복적으로 “무너진 다리” 상징이 나타나는 것은 내담자의 관계 불안을 상징하며, 동시에 새로운 연결을 갈망하는 자기보정적 신호다.

   해설: 무의식의 언어는 의식이 직접 말할 수 없는 것을 비유·상징으로 드러낸다. 반복과 자기보정은 치료 장면에서 중요한 진단·치유의 단서가 된다.

4. 정답: 상징은 고정된 의미로 환원되지 않고 체험되어야 하므로, 성급한 해석은 상징의 생명력을 차단할 수 있다. 치료사는 내담자와 함께 상징의 현존을 경험하며, 그 변환의 에너지가 자연스럽게 작용하도록 지켜보아야 한다.

   해설: 분석심리학에서는 상징이 자아와 자기(Self)를 잇는 자율적 언어이므로, 치료사의 역할은 ‘해석자’가 아니라 ‘상징의 그릇을 지켜주는 동반자’이다. 이를 통해 내담자는 스스로 상징과 관계 맺으며 변환을 체험하게 된다.

연금술의 대작업 Magnum Opus Alchemiae

제3장. 무의식의 언어를 읽는 눈

참여자 활동지

참여자는 지도자의 말에 따라 활동하고 활동지를 작성한다.

주제: 상징을 읽는 눈

1. 도입 활동: “상징은 나에게 무엇을 말하는가?”

아래 그림을 보고 떠오르는 생각, 감정, 기억을 적어보세요.
그림은 하나의 상징으로 간주됩니다. 정답은 없습니다.

* 그림 예시: 나무 / 뱀 / 문 / 계단 / 새 / 그림자 / 원형 무늬 등
(지도자는 참여자에게 어울리는 이미지를 준비)

1) 이 이미지를 보면 나는 무엇을 느끼는가?

2) 떠오르는 단어나 이야기가 있는가?

3) 이것이 나에게 어떤 “상태”를 말해주는 것 같은가?

나의 자유연상:

2. 핵심 개념 점검

다음 문장을 읽고 O, X로 체크해보세요.

문장	O / X
상징은 무의식과 의식을 연결하는 다리 역할을 한다.	
모든 상징은 논리적으로 해석할 수 있다.	
융은 상징을 '의미를 포함한 이미지'로 이해했다.	
상징은 단순한 은유나 비유와 동일한 개념이다.	
치료사는 내담자의 상징을 해석하기보다는 들어주는 태도가 우선이다.	

3. 상징과 자신의 이야기: 꿈 혹은 이미지로부터

최근 떠오른 꿈이나 인상 깊은 이미지(상상, 그림, 상징물 등)가 있다면 자유롭게 묘사해 보세요.

그것은 어떤 상징으로 다가왔으며, 나에게 어떤 의미를 가졌는지 성찰해봅니다.

* 묘사해보세요 (장면, 색, 인물, 사물 등):

1) 이 이미지/상징이 나에게 전해주는 느낌은?

2) 이 상징은 나의 삶이나 관계 속 어떤 주제와 연결되어 있을까요?

4. 상징 감수성 훈련: 임상적 태도 시뮬레이션

다음은 내담자의 모래상자 작품에 나타난 상징적 장면입니다.
치료사로서 당신은 이 상징에 어떻게 반응하겠습니까?

* 상황 예시:

내담자가 모래상자 한쪽에 검은 동굴을 만들고 그 안에 작고 벌벌 떠는 동물 피규어를 넣었습니다. 바깥에는 붉은 용이 돌고 있습니다.

1) 당신이 이 장면을 보며 느낀 인상은?

2) 치료사로서 어떤 '반응' 또는 '말걸기'를 시도해 볼 수 있을까요?

3) 이 장면의 상징이 말하는 "심리적 상태"는 무엇일 수 있을까요?

5. 나의 상징 감수성 점검표

다음에 1점(전혀 아님) ~ 5점(매우 그렇다)로 체크해보세요.

항목	1	2	3	4	5
나는 익숙하지 않은 이미지나 꿈을 해석하려 하기보다 느껴보려 한다.					
내담자의 모래상자 작품을 볼 때 "이 상징은 무엇을 말하는가" 질문이 먼저 떠오른다.					
상징에는 '답'보다 '이야기'가 있다는 점을 인식한다.					
내 무의식에도 상징이 살고 있다는 감각이 있다.					
상징과 상상력은 치료에 있어 중심이라고 생각한다.					

6. 오늘의 한 줄 요약

오늘 내가 만난 '상징'은 무엇이었으며, 그것은 나에게 어떤 통찰을 주었는가?

한 문장으로 정리해보세요:

제2부

모래상자치료사의 연금술 여정

제4장

첫 세션의 본질과 치료사의 마음

"모래상자치료에서 치료사는 세상을 만드는 사람이 아니라, 내담자가 세상을 만들어갈 수 있도록 옆에서 공간을 지켜주는 사람이다."

— 김경희

Ⅰ. 서론

모래상자치료는 인간의 깊은 내면과 무의식을 상징과 이미지로 표현하게 하는 심리치료의 한 장르이다. 이 과정에서 치료사는 해석자이기보다 공간을 지키는 동반자이며, 내담자가 스스로 내면을 탐험하고 통합하도록 돕는 안내자 역할을 한다.

치료사의 훈련은 기법과 절차를 익히는 데 그치지 않고, 치료적 태도와 철학을 몸에 익히는 데 초점을 맞춘다.

모래상자 앞에 앉은 내담자는 자유로울 수도, 혹은 방어적일 수도 있다. 치료사는 이러한 반응을 존중과 수용의 시선으로 바라보며, 언어 이전의 세계에서 일어나는 심리적 과정을 함께 지켜본다. 본 장은 처음 모래상자치료사에 입문하는 수련생을 대상으로, 세션 준비부터 종결까지 구체적인 역할과 태도를 다룬다.

Ⅱ. 핵심이론

모래상자치료의 본질을 이해하기 위해서는 다음 다섯 가지 핵심 개념을 반드시 숙지해야 한다. 이 개념들은 세션을 설계하고, 진행하며, 내담자와 관계를 맺는 모든 과정의 뿌리가 된다.

1. 안전한 공간(Safe Space)

- 정의: 내담자가 심리적으로나 물리적으로 안전하다고 느끼는 환경.
- 의미: 안전감이 확보되어야 무의식이 표면으로 드러날 수 있음.
- 실천 방법: 치료실의 온도, 조명, 소음 관리

- 비밀보장 약속
- '틀려도 괜찮다'는 비평 없는 분위기

2. 자유와 자발성(Freedom & Spontaneity)

- 정의: 규칙과 평가에서 벗어나 내담자가 스스로 선택하고 표현하는 상태.
- 의미: 강요 없는 창조적 표현은 내면의 진실한 부분을 드러내게 함.
- 실천 방법:
  - "마음 가는 대로 해보세요"와 같은 안내
  - 작업 순서 · 형태에 간섭하지 않기

3. 상징과 이미지(Symbol & Image)

- 정의: 무의식의 내용을 함축적으로 표현하는 시각적 · 공간적 형태.
- 의미: 언어보다 먼저 감정과 기억을 담아내는 그릇.
- 실천 방법:
  - 상징을 직접 해석하지 않고, 내담자의 설명을 기다림
  - 상징의 반복, 위치 변화, 등장 순서를 주의 깊게 기록

4. 과정 중심성(Process Orientation)

- 정의: 결과물보다 만들어 가는 과정에 주목하는 치료의 원리.
- 의미: 변화와 치유는 작품 완성 순간보다 제작 과정에서 일어남.
- 실천 방법:

- 내담자의 표정, 손동작, 머뭇거림, 속도 관찰
- 작품이 미완성이어도 '중간 상태' 자체를 존중

5. 치료사의 역할(Role of the Therapist)

- 정의: 안내자, 동반자, 관찰자로서 내담자의 세계를 지키는 사람.
- 의미: 해석자나 평가자가 아닌, '함께 있는 존재'로서의 치료사상.
- 실천 방법:
  - 내담자 옆에서 조용히 지켜봄
  - 필요시 짧은 반영("이 부분을 천천히 하셨군요")
  - 세션 전·후 기록으로 흐름과 변화를 추적

Ⅲ. 치료사의 성찰

모래상자치료 현장에 처음 발을 들여놓을 때, 치료사는 설렘과 함께 긴장과 두려움을 동시에 느끼기 마련이다. 내담자의 무의식 세계에 함께 들어간다는 것은 결코 가벼운 일이 아니며, 자신의 내면을 마주하는 일과도 깊이 연결되어 있기 때문이다. 치료사는 매 세션마다 자신의 마음과 태도를 점검하며 스스로를 돌보는 일이 필수적임을 깨닫는다.

- 세션에 들어가기 전, 자신의 감정과 생각을 들여다본다.

1. 오늘 나는 어떤 마음가짐으로 이 세션에 임하는가?
2. 나의 긴장감이나 불안감은 어느 정도인가? 그것이 내 태도에 어떻게 영향을 줄까?
3. 내담자를 온전히 받아들일 준비가 되어 있는가?

4. 나는 내담자의 표현과 상징을 '판단 없이' 들을 수 있을까?
5. 내 개인적인 문제나 감정이 세션에 개입할 가능성은 없는가?
6. "오늘 나는 어떤 마음가짐으로 이 자리에 섰는가?"

불안이나 긴장감이 언어와 태도에 어떠한 영향을 미칠지 고민한다. 내담자에게 열린 마음으로 다가가고 있는지, 판단이나 해석에 서두르지는 않는지 스스로 물어본다. 내면의 잡음이 치료사와 내담자 사이에 불필요한 장벽이 되지 않도록, 자신의 상태를 점검하는 일은 세션의 첫걸음이다.

- 세션이 진행되는 동안에는 자신의 욕구가 무언인지 질문한다.

1. 내 몸과 마음은 지금 어떤 상태인가? (호흡, 자세, 표정 등)
2. 나는 내담자의 세계를 존중하며 '침묵의 동반자'가 되고 있는가?
3. 내 언어가 내담자에게 부담이나 압박을 주고 있지 않은가?
4. 나는 해석이나 판단을 서두르고 있지 않은가?
5. 내 감정과 생각이 역전이 혹은 전이 현상으로 나타나고 있지는 않은가?

세션이 진행되는 동안 치료사는 말보다 침묵을 더 자주 선택하려 노력한다. 내담자가 자유롭게 자신의 내면을 표현할 수 있도록 공간을 열어두는 일은 생각보다 쉽지 않다. 때로는 개입하고 싶은 욕구가 솟구치지만, 그 순간 자신을 되돌아보고 인내심을 발휘한다. 내담자의 손길 하나, 표정 하나에도 의미가 담겨 있음을 기억하며, 조용한 관찰자가 되어 그 흐름을 따라간다. 자신 안에서 올라오는 감정과 생각도 무시하지 않고 알아차리며, 그것이 세션에 미치는 영향을 객관적으로 바라보려고 애쓴다.

- 세션이 끝난 후에는 다시 스스로에게 질문을 던진다.

1. 오늘 세션에서 가장 인상 깊었던 내담자의 표현은 무엇인가?
2. 나는 세션 내내 어느 순간 가장 편안했고, 어느 순간 가장 긴장했는가?
3. 내 언어와 태도는 내담자의 자유로운 표현을 돕는 데 효과적이었는가?
4. 앞으로 어떤 점을 개선하거나 주의해야 할까?
5. 오늘 세션에서 내가 경험한 감정은 무엇이며, 그것을 어떻게 다룰 것인가?
6. 나는 앞으로 어떤 점을 개선해야 할까?

이런 질문들은 자신을 성장시키는 거울이며, 꾸준한 치료사의 성찰이야말로 좋은 치료사가 되는 길임을 다시 한번 확인시켜 준다.

치료사로서의 여정은 끝없는 배움과 연습의 연속이다. 모래상자 앞에서 조용히 내담자의 세계를 지켜보는 일은 외롭고도 값진 시간이다. 이 과정 속에서 내면의 무게를 견디고, 겸손한 마음으로 내담자와 함께 성장하는 동반자가 되어간다.

Ⅳ. 치료사의 성찰 실천

- 세션 전 · 후 5분간 짧게 명상이나 호흡으로 마음을 다스리기
- 성찰 질문을 노트에 간단히 기록하고 돌아보기
- 동료나 슈퍼바이저와 나눈 대화를 통해 객관적 피드백 받기
- 자신의 감정과 반응을 솔직하게 인정하고, 꾸준히 연습하기

V. Alchemy Track: 연금술의 시작단계

단계	특징	초기 세션 관찰 포인트	경고 신호	개입 전략
니그레도 (혼돈의 흑단계)	무의식이 표면화되기 전의 혼돈, 불안, 혼란감	- 내담자의 주저함, 손동작의 느림 - 피규어 선택의 우왕좌왕 - 모래를 만지며 시선 회피	- 공간 진입 거부감 - 피규어를 무작정 치우거나 숨김 - 과도한 침묵·경직	- 서두르지 않기 - 환경 안정감 강화(온도, 조명) - "마음 가는 대로 해도 됩니다"와 같은 허용 언어
치료사의 위치	'해석자'가 아닌 '안전한 그릇'	- 침묵 유지 - 짧은 반영("이 모래를 오래 만지셨네요")	- 조기 해석, 의미 부여 서두름	- 내담자의 속도를 존중하고, 침묵을 공간의 일부로 수용
상징적 징후	혼합된 이미지, 불분명한 배치, 빈 모래	- 모래 표면 긁기 - 무의미한 반복 행위	- 작품 파괴, 모든 물체 제거	- 파괴 행위도 '과정'으로 인정, 의미 묻기보다 지켜보기

VI. 요약노트

- 첫 세션의 본질: 안전 · 자유 · 과정 존중.

개념	정의	의미	실천 방법
안전한 공간	심리·물리적으로 안전한 환경	무의식이 표면화되는 기초	조명·온도·소음 관리, 비밀보장
자유와 자발성	강요 없는 창조적 표현	내면의 진실한 부분 표출	간섭 최소화, 자유 안내문
상징과 이미지	무의식의 시각·공간적 표현	감정과 기억의 그릇	해석 지연, 반복·위치 기록
과정 중심성	결과보다 과정에 주목	치유는 과정 중 발생	제작 순간 관찰, 미완성 존중
치료사의 역할	안내자·동반자·관찰자	'함께 있는 존재'	침묵 동행, 반영·기록

- 니그레도 단계: 혼돈과 불안이 자연스러운 초기 반응.
- 치료사의 역할: 침묵과 관찰로 내담자의 세계를 지켜주는 동반자.
- 성찰: 세션 전후 자기 점검과 훈련이 전문성의 기초.
  - 세션 전, 나의 상태와 마음가짐 점검
  - 세션 중, 개입 욕구 · 판단 욕구 조절
  - 세션 후, 무엇을 배웠고 개선할 점은 무엇인지 기록

VII. 핵심문장

- "첫 세션의 혼돈은 파괴가 아니라, 새로운 세계가 태어날 토양이다."
- "침묵 속에서 내담자의 세계를 존중하고, 개입 욕구를 조절하며, 스스로의 감정을 객관화하는 연습이 중요하다."
- "세션에서 나를 돌아보는 태도가 치료사의 길을 닦는다."

Ⅷ. 자기점검 퀴즈

1. 모래상자치료에서 안전한 공간(Safe Space)이 왜 중요한지 설명하고, 치료사가 이를 확보하기 위해 실천할 수 있는 구체적 방법 두 가지를 쓰세요.

2. 자유와 자발성이 모래상자치료에서 중요한 이유를 설명하고, 이를 방해하는 치료사의 태도는 무엇인지 쓰세요.

3. 치료사가 세션 도중 자신의 긴장·불안을 점검하는 것이 왜 중요한지 설명하고, 구체적 자기점검 질문 한 가지를 예로 드세요.

4. "치료사는 세상을 만드는 사람이 아니라, 내담자가 세상을 만들어갈 수 있도록 공간을 지켜주는 사람이다."라는 문장이 함축하는 치료사의 본질적 역할을 설명해 보세요.

Ⅸ. 정답 및 해설

1. **정답**: 안전한 공간은 내담자가 무의식을 자유롭게 드러내기 위한 전제 조건이다. 실천 방법 예시: (1) 물리적 환경 관리(온도, 조명, 소음) (2) 비밀보장과 평가 없는 분위기 조성.
   해설: 무의식은 위협받는 환경에서는 드러나지 않는다. 따라서 치료사는 환경적·심리적 안정감을 제공해야 하며, "틀려도 괜찮다"는 메시지를 전달하는 것이 핵심이다.
2. **정답**: 자유와 자발성은 내담자가 내면의 진실을 강요 없이 표현하게 하는 조건이다. 이를 방해하는 태도는 지나친 지시·해석·작업 순서 강요 등이다.
   해설: 내담자는 강요 없는 선택을 통해 무의식의 상징을 드러낸다. 치료사가 조급하거나 과도하게 개입하면 상징의 자율적 언어가 차단될 수 있다.
3. **정답**: 치료사의 긴장·불안은 무의식적으로 내담자에게 전달되어 세션의 분위기를 제한할 수 있기 때문이다. 예시 자기점검 질문: "나는 해석이나 판단을 서두

르고 있지 않은가?"

해설: 치료사는 자신의 정서가 세션에 미치는 영향을 자각해야 한다. 역전이나 전이가 일어날 수 있으므로, 자기 점검은 내담자와의 안전한 관계를 유지하는 데 필수적이다.

4. **정답**: 치료사는 해석자·통제자가 아니라, 내담자가 자신의 상징과 세계를 자율적으로 형성할 수 있도록 '지켜주는 동반자'이다.

   해설: 치료사의 역할은 지식 전달이나 평가가 아니라, 내담자의 세계가 안전하게 펼쳐질 수 있는 그릇(psychological vessel)을 마련하는 것이다. 이는 분석심리학에서 말하는 '함께 있음'과 깊은 상응 관계를 가진다.

연금술의 대작업 Magnum Opus Alchemiae

4장. 첫 세션의 본질과 치료사의 마음

✱ 참여자 활동지

주제: 치료사의 시작 세션과 니그레도

[활동지 1] 모래상자 세션 기록 양식

날짜	세션 번호	내담자명	작성자(치료사)

1) 모래상자 작품 개요

- 작품 제목/주제(내담자 진술 또는 관찰):

____

- 주요 인물 · 사물 · 배치(핵심 요소 중심):

____

2) 상징적 요소 관찰

- 반복 등장 상징/이미지:

____

- 색상 · 크기 · 위치 변화 등 두드러진 특징:

____

- 내담자 스스로 언급한 의미(직접 인용 가능):

---

3) 작업 과정 관찰

- 시간과 흐름(빠름/느림/멈춤 등):

- 비언어적 표현(표정 · 자세 · 호흡 · 손 움직임):

- 언어적 반응 · 태도(말의 톤 · 속도 · 주저 등):

---

4) 치료사의 해석 및 느낌

초보자는 내담자 말 중심의 기술을 우선하고, 가설은 가설로 표기합니다.

- 내담자 의미 요약:

- 치료사 인상/의문점(가설):

---

5) 기타 특이사항 및 다음 세션 참고

- ____________________
- ____________________

[활동지 2] 치료사 성찰 기록(세션 전·중·후)

시점	질문	나의 기록
세션 전	오늘 나는 어떤 마음가짐인가?	
세션 전	내 불안·긴장감은 어느 정도인가?	
세션 중	나는 침묵의 동반자가 되고 있는가?	
세션 중	해석·판단 욕구를 조절하고 있는가?	
세션 후	가장 인상 깊었던 순간은 무엇인가?	
세션 후	개선할 점은 무엇인가?	

[활동지 3] 환경 안전 점검 체크리스트

항목	체크(✓)	메모
조명 밝기·온도 적절		
외부 소음 차단		
상징물 배치의 안전성		
비밀보장 안내		
첫 인사에서의 태도		

[활동지 4] Alchemy Track 연결

✱ Alchemy Track: 연금술의 시작단계

특징	초기 세션 관찰 포인트	경고 신호	개입 전략
혼돈, 불안, 내면 표면화 전	주저함, 느린 손동작, 피규어 우왕좌왕	공간 진입 거부, 피규어 제거, 과도한 침묵	침묵 유지, 환경 안정, 허용적 언어, 내담자 속도 존중

Alchemy Track의 내용을 보고 다음의 질문에 답을 하세요.

1) 세션 전 마음가짐

- 오늘 내 마음 상태는 어떠한가? (긴장, 기대, 불안 등)

- 내가 특히 주의하고 싶은 점은?

2) 세션 중 관찰과 느낌

- 내담자의 어떤 표현(행동 · 언어 · 상징)이 인상적이었나?

- 내 자신의 태도나 언어가 내담자에게 어떻게 작용했다고 느끼나?

- 혹시 내 안에서 일어난 감정이나 생각은 무엇인가?

3) 세션 후 반성 및 개선점

- 오늘 잘된 점은?

- 앞으로 개선하고 싶은 점은?

- 다음 세션을 위한 나의 목표는?

Tip 활용 팁

- 기록: '사실 → 의미 → 가설' 순서로 분리해서 사용
- 해석: 짧은 반영·묘사 언어를 우선하고, 의미화는 내담자가 주도적으로 표현
- 관찰: '경고 신호'가 관찰되면 속도 조절·그라운딩·환경 안정을 먼저 점검한 뒤 개입

바로 쓰는 멘트 모음(포켓 카드)

- 오프닝: "여기는 안전하고 자유롭게 표현하는 공간입니다. 정답은 없습니다."
- 작업 중: "이 재료를 선택하셨군요." / "계속 이어가 보실래요?"
- 불안 시: "그대로 계셔도 괜찮습니다. 충분히 시간을 쓰셔도 돼요."
- 마무리: "오늘의 세계는 여기에 안전하게 남아 있습니다. 다음에 이어가겠습니다."

Tip 1. 입문 치료사를 위한 모래상자치료 가이드 요약

1. 모래상자치료의 핵심 개념

1) 정의

모래와 다양한 미니어처(사람, 동물, 사물, 자연물)를 이용해 내담자가 무의식의 세계를 상징적으로 표현하고 통합하는 치료 방법.

2) 기본 철학

- 안전한 공간에서의 자유로운 표현
- 상징과 이미지가 스스로 치유를 일으킴
- 치료사는 해석자가 아니라 동반자이자 안내자

3) 이론적 기반

- 분석심리학(C. G. 융) - 무의식, 상징, 자기(Self) 개념
- 도라 칼프(Dora Kalff)의 칼프 모래놀이치료
- 융의 개성화(individuation) 과정과 연금술적 변환 단계

2. 세션의 구조와 흐름

1) 준비 단계

- 치료실 정돈: 모래상자, 미니어처, 조명, 의자 배치
- 안전감 전달: 비밀보장, 비평 없음, 자유로움 강조

2) 도입 단계

- 간단한 인사와 상태 확인
- 모래상자와 재료 사용 방법 안내 (규칙 없음, 자유롭게 표현 가능)

3) 작업 단계

- 내담자가 모래를 만지고 장면을 꾸밈
- 치료사는 조용히 관찰, 필요한 경우 간단한 반영 · 질문

4) 마무리 단계

- 작품 존중: 보존, 사진, 기록 여부 결정
- 감정 안정과 다음 세션 연결

5) 정리 단계

- 치료사 기록 작성 (상징, 순서, 행동, 감정, 작업 흐름)

3. 치료사의 역할

- 관찰자: 내담자의 선택, 움직임, 표정, 침묵까지 기록
- 안내자: 필요한 시점에 간단한 방향 제시 (강요 없음)
- 동반자: 내담자가 안전하게 상징 세계를 탐색하도록 곁에 있음
- 보호자: 공간 · 작품 · 감정을 안전하게 지켜줌

4. 기본 원칙

1) 자유와 자발성

- 내담자가 주도, 치료사는 조율자 역할

2) 비평 금지

- "좋아요/나빠요" 대신 "그렇게 하셨군요"

3) 판단 보류

- 상징의 해석은 내담자가 먼저 표현할 때까지 기다림

4) 안전한 경계

- 비밀보장, 감정적 안전감, 물리적 안전 확보

5) 과정 중심

- 결과물이 아니라 만드는 과정에 주목

5. 초보 치료사가 자주 하는 실수와 예방 팁

잘못된 접근	위험성	대안
작업 중 잦은 질문	흐름 방해, 내담자 몰입 저해	필요한 순간만 짧게 관찰 반영
작품 즉시 해석	내담자 방어, 상징 왜곡	내담자가 먼저 의미를 말하도록 기다림
'잘한다/예쁘다' 평가	자기검열 유발	가치판단 대신 사실 관찰 언어 사용
서둘러 마무리	감정 미완성, 불안 잔존	시간 경과 미리 알리고 전환 시간 제공

6. 이론적 핵심 키워드

- 자기(Self): 무의식과 의식의 통합된 중심
- 상징(Symbol): 의식과 무의식을 연결하는 이미지
- 개성화(Individuation): 전체성을 향한 심리적 성장 과정
- 전이/역전이: 치료사와 내담자 사이의 무의식적 감정 이동
- 연금술적 변환 단계: Nigredo(혼돈) → Albedo(정화) → Citrinitas(통찰) → Rubedo(통합)

Tip 2. 모래상자 작업 시 치료사 체크리스트

— 세션 직전 1분 점검용 매뉴얼 —

① 자세와 위치

- ☐ 내담자와 대각선 · 옆에 앉기 (정면 피하기)
- ☐ 열린 자세 유지 (팔짱 · 다리 꼬기 금지)
- ☐ 시선은 내담자와 작품 사이를 번갈아 보기 (응시 시간 짧게)

② 언어 사용

- ☐ 작업 중 불필요한 말 줄이기
- ☐ 질문 시 열린 · 관찰 중심 표현
  예: "이 재료를 선택하셨군요."
  예: "계속 이어가 보실래요?"
- ☐ "예쁘다, 잘한다" 등 평가성 언어 금지

③ 비언어적 태도

- ☐ 고개 끄덕임, 부드러운 미소, 호흡 동기화
- ☐ 내담자 멈출 때 같이 기다리기
- ☐ 손의 움직임 · 속도 · 압력 관찰

④ 침묵의 존중

- ☐ 침묵을 내면 작업의 과정으로 보기
- ☐ 표정 · 자세 · 호흡 변화를 기록

⑤ 내면적 태도

- ☐ 판단 보류: '뜻'보다 '과정'에 집중
- ☐ 도움 욕구가 개입 욕구로 변하지 않도록 자기 감정 인식
- ☐ 상징이 스스로 말하도록 공간 허락

⑥ 기록과 메모

- ☐ 재료 선택 순서 기록
- ☐ 배치 방식 · 변환 과정 기록
- ☐ 메모는 은근하게 진행 (감시 느낌 방지)

제5장

모래상자치료실의 공간과 피규어의 상징

"모래상자 안의 피규어는 내담자가 자신의 내면 세계를 시각적으로 구성하는 도구이며, 각각은 고유한 상징성을 지닌다."

— Dora Kalff

Ⅰ. 서론

모래상자치료실은 무의식과 의식이 만나는 상징적 장(場)이다. 이곳은 연금술의 도가니처럼, 상징적 변환을 가능하게 하는 보호된 공간이다. 따라서 치료실의 구조, 모래상자의 배치, 빛의 흐름, 그리고 피규어의 배열은 모두 치료적 맥락에서 중요한 상징성을 지닌다. 따라서 치료실은 내담자가 안전함과 자유로움을 느낄 수 있는 물리적 · 심리적 공간으로 조성되어야 한다.

모래상자치료에서 치료 공간과 상징물은 내담자의 내면 세계를 투사하고 탐색하는 중요한 장(場)이다. 다양한 피규어들은 무의식의 언어를 시각적 · 촉각적으로 표현하는 매개체 역할을 한다. 융은 “상징은 단순한 표상이 아니라, 알려지지 않은 것을 향해 나아가는 영혼의 문”이라고 하였다(Jung, 1964/2001, p. 57). 이 말은 치료사가 치료실을 어떻게 구성하느냐가 단순한 인테리어 문제가 아니라, 내담자가 자기(Self)와 만날 수 있는 문을 어떻게 준비하느냐의 문제임을 시사한다. 치료실은 내담자가 안전함과 자유로움을 느낄 수 있는 물리적 · 심리적 공간으로 조성되어야 하며, 다양한 상징물들은 무의식의 언어를 시각적 · 촉각적으로 표현하는 매개체 역할을 한다. 피규어는 내담자가 자신의 내적 세계를 구체적 이미지로 표현할 수 있는 매개체이다. 동물, 인물, 건축물, 신화적 상징 등은 단순한 장난감이 아니라, 무의식이 선택하고 배열하는 상징적 언어다. 따라서 피규어의 선택과 준비는 치료사의 철학과 태도를 반영한다.

피규어와 소품들의 체계적인 군집별 진열과 관리가 치료사의 관찰과 해석을 돕고, 내담자가 자신의 이야기를 효과적으로 펼칠 수 있도록 지원한다. 이 장에서는 모래상자치료실의 공간 구성 원칙과 대표적인 피규어 군집별 분류, 주요 피규어의 상징적 의미를 심도 있게 다루며, 치료사가 상징물을 통해 무의식을 이해하고 내담자의 심리적 변화를 촉진하는 실천적 지침을 제공한다. 치료실 환경과 상징물, 그리고 피규어가 지니는 상징적 의미를 탐구함으로써, 치료실이 어떻게 '무의식과 의식의 대화의 장'이 되는지를 살펴보고자 한다.

II. 핵심이론

1. 모래상자치료실의 공간 구성과 피규어의 상징

모래상자치료에서 치료실 공간과 피규어 진열은 치료의 효과성을 좌우하는 중요한 요소이다. 치료실은 내담자가 안전하고 편안함을 느낄 수 있도록 조성되어야 하며, 동시에 다양한 상징물이 체계적으로 분류 · 배치되어 내담자의 자유로운 표현과 치료사의 효율적인 관찰 · 해석을 가능하게 한다(Kalff, 1980, p. 40).

1) 치료실 공간 구성 원칙

치료 공간은 심리적 안정감을 주는 색상과 조명, 그리고 방해 요소가 없는 깨끗한 환경으로 마련되어야 한다. 내담자가 자신의 내면 세계를 탐색하는 데 집중할 수 있도록, 모래상자와 피규어는 쉽게 접근 가능하면서도 질서 있게 진열되어야 한다(McNamee, 2018, p. 105).

2) 피규어의 군집별 분류 및 진열법

피규어들은 보통 다음과 같은 군집으로 나뉘어 진열된다.

- 인간형 피규어: 다양한 연령대, 성별, 직업군을 대표하며, 내담자의

자기상과 대인관계 투사를 돕는다.

- 동물형 피규어: 공격성, 보호본능, 야성 등의 심리적 특성을 상징하며, 무의식적 감정 표현에 사용된다.
- 자연 및 환경 피규어: 나무, 바위, 물, 불 등 자연 요소로서 심리적 변화와 성장, 정화의 상징으로 쓰인다.
- 건축 및 구조물: 집, 다리, 성벽 등 내면의 경계, 안정, 보호 기능을 시각화하는 도구다.
- 판타지 및 신화적 피규어: 용, 요정, 신화적 인물 등 무의식 깊은 층의 상징적 메시지를 전달한다.

이 군집별 진열은 내담자가 자신의 이야기를 구성하는 데 필요한 상징 자원을 직관적으로 선택할 수 있도록 돕는다(Kalff, 1980, p. 42).

3) 대표 피규어의 상징적 의미

- 사람 인형: 자아의 다양한 측면과 타인과의 관계를 상징한다. 인형의 표정, 자세, 위치 등은 내담자의 심리 상태를 반영한다(Jung, 1964, p. 53).
- 늑대나 사자 같은 동물: 힘과 위협, 보호본능을 나타내며, 내담자의 야성적 욕구나 두려움을 표출한다(McNamee, 2018, p. 110).
- 나무: 성장과 생명력, 안정감의 상징으로 자아의 성장 과정을 나타낸다(Edinger, 1994, p. 240).
- 성 또는 성벽: 내면의 경계, 안전지대를 나타내며, 방어기제와도 연결된다(Kalff, 1980, p. 45).
- 요정이나 신화적 인물: 무의식의 신비롭고 영적 측면을 드러내며, 내담자의 심층 심리를 탐구하는 매개체이다(Jung, 1964, p. 54).

4) 상징물 진열과 치료적 활용

군집별 분류는 내담자가 선택을 쉽게 하도록 도울 뿐 아니라, 치료사가 내담자의 상징적 표현과 내면 역동을 체계적으로 관찰하고 해석하는 데 중요한 근거를 제공한다(McNamee, 2018, p. 108).

치료사는 내담자가 선택한 피규어의 유형과 배치를 세심하게 관찰하고, 그 상징적 의미와 내담자의 현재 심리 상태를 연계하여 탐색한다. 이 과정에서 내담자는 자신의 내면을 보다 깊이 이해하고, 상징을 통해 심리적 변화를 촉진한다(Edinger, 1994, p. 245).

과정중심의 관찰과 반복, 위치 변화, 등장 순서 등을 기록한다.

이러한 공간 구성과 피규어 진열 원칙, 그리고 상징 해석은 모래상자치료가 무의식과 소통하는 효과적인 매개체가 되도록 하는 핵심 요소이다.

2. 모래상자치료실의 연금술적 장

1) 연금술의 도가니

연금술에서 도가니(athanor)는 원질료(prima materia)를 수용하고 변화시키는 그릇이었다. 도가니는 단순한 용기가 아니라, 원소들의 결합과 분리를 허용하며, 불길 속에서도 깨지지 않는 보호된 공간이었다. 모래상자치료실은 이러한 연금술의 도가니와 같은 의미를 지닌다. 치료실은 단순한 상담실의 일부가 아니라, 내담자가 무의식을 안전하게 투사하고, 그 상징을 통해 변환을 경험할 수 있는 심리적 그릇(holding environment)이다.

2) 치료실의 환경과 피규어는 중재적 도구

융은 “상징(symbol)은 무의식이 의식을 향해 다가오는 살아 있는 언어이며, 그것은 알려지지 않은 것을 향한 가장 적절한 표현이다”(Jung, 1964/1968, p. 92)라고 하였다. 이때 치료실의 환경과 피규어는 그 언어가 구체화되는 도상(icon)의 자리다. 즉, 상징은 단순한 장식물이 아니라, 의식과 무의식의 대화를 매개하는 중재적 도구가 된다.

3) 치료실의 피규어는 변환을 상징

연금술에서 물질을 정제하고 새로운 결합을 이루기 위해서는 불, 물, 흙, 공기라는 네 가지 원소가 반드시 필요했다. 마찬가지로, 모래상자치료실에는 공간(earth), 빛과 공기(air), 물의 상징성, 그리고 치료사의 관계적 따뜻함(fire)이 조화를 이루어야 한다. 이러한 조건이 갖춰질 때, 피규어 하나하나는 무의식의 원질료가 되어 변환의 과정을 가능하게 한다.

예컨대, 내담자가 선택한 작은 집 모형은 단순한 구조물이 아니라 내적 ‘자기(self)의 거처’를 상징할 수 있으며, 전사(戰士) 피규어는 내적 갈등과 힘의 투쟁을 나타낼 수 있다. 이처럼 피규어는 연금술적 상징이 되어 내담자의 심리적 원소들을 도가니 속에서 만나게 한다. 치료사는 이 과정에서 연금술사의 역할을 수행한다. 즉, 피규어와 공간을 제공하는 자이자, 무의식이 스스로 변화할 수 있도록 불씨를 지켜주는 동반자이다.

마리-루이제 폰 프란츠는 “연금술의 상징은 영혼의 실재적 과정을 반영하며, 이는 단순히 비유적 장치가 아니라 실제적인 변환 과정이다”(von Franz, 1980/1980, p. 157)라고 강조하였다. 따라서 모래상자치료실의 상징적 구성은 내담자의 심리적 변환을 위한 실제적 조건이며, 치료사의 의식적 준비와 윤리적 태도가 그 기반이 된다.

결국, 모래상자치료실은 연금술적 도가니이자, 피규어는 원질료의 다양한 형태이다. 이 공간에서 내담자의 심리적 물질은 분해되고 다시 결합되며, 새로운 의미와 자기를 향한 통합이 가능해진다. 치료사의 임무는 해석을 강요하기보다, 상징이 스스로 말할 수 있는 보존된 장을 마련하는 것이다. 이는 연금술의 도가니처럼, 단순한 용기가 아니라 살아 있는 '상징적 그릇'이다.

Ⅲ. 치료사의 성찰

모래상자치료실의 공간 구성과 피규어 진열이 내담자의 심리적 안정과 자유로운 표현에 미치는 영향을 성찰한다.

- 나는 치료실 환경을 내담자가 안전하게 느끼도록 세심하게 조성하고 있는가?
- 피규어를 군집별로 체계적으로 진열하여 내담자가 직관적으로 선택할 수 있게 하고 있는가?
- 각 피규어의 상징적 의미를 이해하고 내담자가 선택한 피규어에서 무의식적 메시지를 발견할 수 있는가?
- 앞으로 치료실 환경과 피규어 진열, 상징 해석에서 어떤 부분을 개선하고 학습할 것인가?

IV. 치료사의 성찰 실천

- 치료실 환경과 피규어 진열이 내담자의 안전과 자유를 충분히 보장하는가?
- 상징물 선택에서 내담자의 심리적 메시지를 발견하고 존중하는가?
- 내 행동이나 언어가 내담자의 표현을 방해하지는 않는가?
- 세션 전 · 중 · 후 5분 명상/호흡으로 마음 다스리기
- 성찰 질문을 노트에 기록하고 슈퍼바이저와 피드백 나누기

Ⅴ. Alchemy Track: 치료실의 연금술적 장

구분	연금술적 상징	모래상자치료의 대응	임상적 의미	치료사 자기성찰 포인트
도가니 (Athanor)	원질료를 담아 변환을 일으키는 그릇	치료실 자체 (상징적 공간, 모래상자)	무의식의 투사와 변환이 가능한 심리적 그릇 (holding environment) 제공	나의 치료실은 내담자가 안전하게 상징을 드러낼 수 있는 그릇인가?
네 가지 원소 (불·물·흙·공기)	변환 과정의 필수 요소	공간(earth), 빛과 공기(air), 물의 상징성 (water), 치료사의 따뜻한 태도 (fire)	치료실의 요소들이 조화를 이룰 때 변환의 과정이 촉진됨	나는 치료실 환경을 균형 있게 유지하고 있는가?
원질료 (Prima Materia)	변화의 재료	피규어 하나하나, 모래, 상징적 재료	내담자의 심리적 갈등과 원형적 이미지가 표현되는 통로	내가 제공하는 피규어는 상징적 언어로 기능할 수 있는가?
상징 (Symbol)	알려지지 않은 것의 표현, 의식과 무의식의 다리	피규어, 작품 속 이미지, 치료실 배치	상징은 단순한 장식물이 아니라 변환을 이끄는 살아 있는 언어	나는 내담자의 상징을 존중하며 해석을 서두르지 않는가?
연금술사 (Alchemist)	도가니를 지키며 불을 관리하는 자	치료사	해석자가 아니라 동반자, 상징 공간을 보존하고 지켜주는 자	나는 치료사이자 동반자로서 내담자의 자기 과정에 동행하는가?

Ⅵ. 요약노트

- 치료실 공간은 내담자가 몰입하고 안정감을 느낄 수 있어야 한다.
- 피규어의 군집별 분류

군집	상징적 의미	예시 피규어
인간형	자아와 타인 관계, 자기상	성인/어린이 인형
동물형	공격성, 보호본능, 야성	늑대, 사자
자연/환경	성장, 생명력, 정화	나무, 바위, 물, 불
구조물	경계, 안정, 보호	성, 다리, 집
신화/판타지	무의식 심층, 영적 메시지	요정, 용, 신화적 인물

- 피규어 진열과 치료적 활용
  - 군집별 체계적 진열 → 내담자가 직관적으로 선택 가능
  - 선택과 배치 관찰 → 내담자의 심리 상태 이해
  - 반복적·파괴적 행동도 과정으로 인정
  - 해석보다는 관찰과 지지 중심

Ⅶ. 핵심문장

- 모래상자치료실의 공간과 피규어는 내담자가 자신의 내면 세계를 안전하게 탐색하도록 돕는 중요한 장(場)이다.
- 피규어의 군집별 분류(인간형, 동물형, 자연/환경, 구조물, 신화적 인물)는 내담자의 직관적 선택과 상징적 표현을 촉진한다.
- 내담자가 선택하고 배치한 피규어는 무의식적 심리 상태와 감정을 시각적으로 표현한 것이며, 치료사는 이를 판단하지 않고 관찰한다.

- 치료사는 해석자가 아닌 '침묵의 동반자'로서 내담자의 속도와 과정 중심성을 존중해야 한다.
- 지도자의 세심한 관찰과 기록, 그리고 환경 조성은 내담자의 자유로운 탐색과 상징적 표현을 효과적으로 지원한다.
- 치료사는 세션 전, 중, 후 지속적인 자기 성찰을 통해 자신의 감정, 언어, 태도가 내담자에게 미치는 영향을 점검해야 한다.

Ⅷ. 자기점검 퀴즈

1. 모래상자치료실을 단순한 상담실이 아니라 연금술적 도가니(athanor)에 비유하는 이유를 설명해 보세요.

2. 피규어의 군집별 분류가 치료 과정에서 중요한 이유를 설명하고, 대표적인 군집 두 가지를 예로 드세요.

3. 피규어가 단순한 장식물이 아니라 중재적 도구로 기능하는 이유를 설명해 보세요.

4. 치료사가 피규어와 공간을 다룰 때 해석을 서두르지 않고 '지켜주는 동반자'가 되어야 하는 이유를 설명해 보세요.

IX. 정답 및 해설

1. **정답**: 연금술에서 도가니는 원질료(prima materia)가 분해되고 결합되는 보호된 공간이었다. 마찬가지로, 모래상자치료실은 내담자가 무의식을 안전하게 투사하고 변환을 경험할 수 있는 심리적 그릇이다.
   해설: 치료실은 물리적 장소를 넘어 상징적 장으로 기능한다. 치료사의 준비와 윤리적 태도가 갖춰져야 내담자의 무의식이 상징을 통해 새로운 결합과 변환을 이룰 수 있다.
2. **정답**: 군집별 분류는 내담자가 직관적으로 상징 자원을 선택하게 돕고, 치료사가 상징적 패턴을 체계적으로 관찰하도록 한다. 예시: (1) 인간형 피규어(자아와 대인관계의 투사), (2) 동물형 피규어(본능, 보호, 공격성의 표현).
   해설: 피규어는 단순한 장난감이 아니라 무의식의 언어이다. 군집화된 진열은 내담자에게 선택의 자유를 주고, 치료사에게는 반복되는 상징을 추적할 근거를 마련한다.
3. **정답**: 피규어는 의식과 무의식의 대화를 매개하는 구체적 도상(icon)으로, 내담자의 내적 갈등·소망·방어를 상징적으로 드러낸다. 따라서 단순한 장식이 아니라 변환을 일으키는 상징적 매개체다.
   해설: 융이 말한 것처럼 상징은 알려지지 않은 것을 향한 가장 적절한 표현이다. 피규어는 그 상징이 구체적 형태를 얻는 장치이며, 내담자의 무의식적 경험을 가시화하는 도구다.
4. **정답**: 피규어와 공간은 무의식이 스스로 말하는 장이므로, 치료사가 성급히 해석하면 상징의 자율성이 차단될 수 있다. 치료사의 본질적 역할은 내담자가 상징과 자유롭게 만날 수 있도록 그릇을 지켜주는 것이다.
   해설: 해석보다는 공간 유지와 상징의 현존을 존중하는 태도가 필요하다. 이는 치료사가 연금술사처럼 불씨를 지켜보며, 무의식의 자기조절 기능이 작동하도록 돕는 것과 같다.

연금술의 대작업 Magnum Opus Alchemiae

5장. 모래상자치료실의 공간과 피규어의 상징

✱ 참여자 활동지

워크숍 1. 주제: 공간 구성과 피규어의 상징적 의미

1. 치료실 환경과 피규어 점검

1) 치료실 환경 점검

- 내가 경험한 치료실 공간에서 가장 편안했던 점과 불편했던 점은 무엇인가요?
- 내담자가 안전함을 느끼도록 하기 위해 어떤 요소들이 중요한지 적어보세요.

2) 피규어 군집별 탐색

다음 피규어 군집 중 내가 가장 먼저 관심이 가는 것은 무엇인가요? 이유도 함께 적어보세요.

- 인간형 피규어
- 동물형 피규어
- 자연 및 환경 피규어
- 건축 및 구조물 피규어
- 판타지 및 신화적 피규어

3) 대표 피규어 상징 의미 이해

아래 대표 피규어 중 하나를 선택해 그 상징적 의미를 생각해보고, 내 자신의 심리와 어떤 관련이 있을지 적어보세요.

피규어 유형	상징 의미	내면과의 연결점
사람 인형	자아와 대인관계 투사	
늑대, 사자 등 동물	힘, 야성, 보호본능	
나무	성장, 생명력, 안정감	
성, 성벽	경계, 보호, 방어	
요정, 신화 인물	무의식의 신비, 영성	

4) 피규어 진열과 선택 경험

- 내가 직접 피규어를 진열해본다면, 어떤 기준과 순서로 배열하고 싶은가요?
- 내담자 입장에서 상징물을 고르는 데 있어 어떤 점이 중요할 것 같나요?

워크숍 2. 주제: Alchemy Track: 치료실의 연금술적 장

1단계: 도입 - 나의 현재 위치

오늘 주제는 "치료실과 피규어의 연금술적 의미"입니다.

지금 이 순간, 나는 치료사로서 내 치료실과 피규어를 어떻게 느끼고 있나요?

- 자유 기록: ______________________________

____

✱ Alchemy Track: 치료실의 연금술적 장

연금술 상징	모래상자치료의 대응	임상적 의미	치료사의 성찰 기록
도가니 (Athanor) 원질료를 담아 변환을 일으키는 그릇	치료실 자체 (모래상자, 공간)	무의식의 투사와 변환이 가능한 심리적 그릇 제공	✍ 내 치료실은 내담자에게 얼마나 안전한 그릇인가?
네 가지 원소 (불·물·흙·공기)	공간(earth), 빛과 공기(air), 물의 상징성(water), 치료사의 따뜻한 태도(fire)	환경이 균형을 이룰 때 변환 과정 촉진	✍ 내 치료실 환경은 조화로운가? 부족한 요소는 무엇인가?
원질료 (Prima Materia) 변화의 재료	피규어, 모래, 상징적 재료	내담자의 심리적 갈등과 원형 이미지 표현	✍ 내가 제공하는 피규어는 어떤 상징 언어로 기능하는가?
상징 (Symbol) 의식과 무의식의 다리	피규어, 작품 속 이미지, 배치	변환을 이끄는 살아있는 언어	✍ 나는 내담자의 상징을 존중하며 서두르지 않고 기다리는가?
연금술사 (Alchemist) 불을 지키는 자	치료사	해석자가 아닌 동반자, 상징 공간 보존	✍ 나는 동반자로서 내담자의 자기 과정에 얼마나 충실히 동행하는가?

활동 안내

1. 각 상징을 읽고, 대응되는 임상적 의미를 이해합니다.
2. "치료사의 성찰 기록" 칸에 자신의 임상 경험이나 치료실 환경에 대한 점검을 자유롭게 기록합니다.
3. 마지막에 자신이 발견한 강점 1가지, 보완점 1가지를 메모합니다.

2단계: 표 살펴보기

표에 나온 다섯 가지 연금술 상징을 읽으며 떠오르는 생각을 간단히 적어 봅니다.

연금술 상징	나의 첫 느낌/연상
도가니 (Athanor)	....
네 가지 원소 (불·물·흙·공기)	....
원질료 (Prima Materia)	....
상징 (Symbol)	....
연금술사 (Alchemist)	....

3단계: 치료사 성찰 기록하기

표의 질문에 답해봅니다.

- 내 치료실은 내담자에게 안전한 그릇인가?

  ____

- 치료실 환경은 균형을 이루고 있는가? 부족한 요소는 무엇인가?

  ____

- 내가 제공하는 피규어는 어떤 상징 언어로 기능하는가?

  ____

- 나는 내담자의 상징을 존중하며 기다릴 수 있는가?

____

- 나는 치료사로서 내담자의 자기 과정에 충실히 동행하고 있는가?

____

4단계: 소그룹 나눔

나의 강점 1가지와 보완할 점 1가지를 적어봅니다.

- 강점: ______________________________________
- 보완할 점: ______________________________________

5단계: 전체 공유 정리

오늘 나눈 내용을 정리하면서, 가장 기억에 남는 통찰이나 배움을 한 줄로 적습니다.

____

6단계: 마무리 질문

"오늘 활동에서 깨달은 점"을 한 문장 선언문으로 적어보세요.

나의 선언: ______________________________________

제6장

모래상자치료 세션의 실제와 상징의 흐름

"상징은 무의식과 의식의 다리이며, 모래상자에서 그 다리는 손에 잡히는 현실이 된다."

— C. G. Jung

Ⅰ. 서론

모래상자치료는 내담자가 자신의 무의식과 상징 세계를 손으로 만지고 눈으로 보는 구체적 경험 속에서 탐색할 수 있도록 하는 독창적인 심리치료 방법이다. 세션에서 내담자는 모래와 피규어, 자연물, 건축물 등 다양한 상징물을 선택하고 배치하며, 언어로는 표현하기 어려운 내면의 심상을 외화화한다. 이러한 과정은 감정과 기억, 갈등과 소망이 가시적인 형태로 드러나는 장을 열어 주며, 내담자가 자기 이해와 통합의 길로 나아가도록 돕는다(Edinger, 1994, p. 233).

4장에서 우리는 이러한 모래상자치료의 기초훈련을 통해, 치료 세팅과 관찰, 상징 읽기의 기본 원리를 익혔다. 그러나 실제 임상 현장에서는 훈련실에서의 연습과는 다른 차원의 복합성이 나타난다. 내담자의 즉각적인 반응, 관계 패턴, 예기치 않은 상징의 출현 등은 치료사에게 깊은 수용과 순간적인 임상 판단을 동시에 요구한다.

따라서 6장은 실제 임상 과정으로서, 이미 습득한 치료 방법을 실제 내담자와의 세션에 적용하는 과정을 다룬다. 치료사는 안전하고 신뢰할 수 있는 공간을 마련하고, 내담자의 선택과 상징을 존중하며, 필요할 때 의미를 조심스럽게 비춰준다. 이 장에서는 세션의 실제 진행 단계, 치료사의 구체적 역할, 그리고 상징적 만남이 이루어지는 순간을 어떻게 촉진할 수 있는지를 살펴본다.

II. 핵심이론

1. 치료사의 내적 준비

모래상자치료의 질적 특성은 치료사의 심리적 태도와 내적 준비에서 출발한다. 치료사는 비판단적이고 수용적인 태도를 유지하며, 자신의 편견과 감정이 내담자에게 투사되지 않도록 주의해야 한다(Edinger, 1994, p. 233). 세션 전, 자신의 정서 상태를 점검하고 내담자의 작업에 열린 마음으로 동행할 준비를 한다(Kalff, 1980, p. 112).

2. 공간 구성

치료실은 방해 요소를 최소화하고, 모래상자와 상징물이 직관적으로 접근 가능하도록 배치한다. 모래상자는 내담자의 심상을 담아내는 '심리적 그릇'으로, 상징물은 내담자가 무의식을 탐색하는 언어 없는 사전이 된다(Kalff, 1980, p. 115; Jung, 1964, p. 48).

3. 초기 세팅 체크리스트

세션 시작 전, 치료사가 점검할 수 있는 체크리스트는 다음과 같다.

1) 심리적 준비

- 오늘 세션에서 내담자와 안전하게 동행할 준비가 되었는가?
- 내 감정 상태와 편견, 개인적 이슈가 세션에 개입하지 않도록 점검했는가?

2) 공간 구성

- 모래상자가 안정적으로 놓여 있고, 접근이 용이한가?
- 주변 환경이 차분하고 방해 요소가 최소화되어 있는가?

3) 상징물 준비

- 다양한 피규어, 건물, 자연물 등 상징물이 충분히 준비되어 있는가?
- 상징물 배열이 내담자의 자유로운 선택을 방해하지 않는가?

4) 세션 기록과 자료

- 세션 기록 도구와 관찰 체크리스트가 준비되어 있는가?
- 필요시 사진 촬영이나 기록을 위한 동의가 확보되어 있는가?

이와 같이, 치료사는 자신의 내적 상태와 외적 환경을 동시에 준비함으로써, 내담자가 모래상자 속에서 안전하게 자기 내면을 탐색하고 상징적 의미를 발견하도록 돕는다. 이러한 준비 과정은 연금술적 변환 과정의 출발점과도 같으며, 내담자가 내면의 혼돈에서 점차 통합으로 나아가는 여정의 기초가 된다(Edinger, 1994, p. 245).

4. 세션의 네 단계와 상징적 흐름

모래상자치료 세션은 내담자가 자신의 무의식 세계를 안전하게 탐색하고 상징적 표현을 통해 통합하도록 돕는 구조적 흐름을 갖는다. 이를 이해하기 위해 세션을 준비 → 상징 창조 → 표현 · 통합 → 종결의 네 단계로 나누어 설명할 수 있다(Kalff, 1980, p. 118; Edinger, 1994, p. 238).

1) 준비 단계 (Setting / Orientation)

① 목적: 내담자가 내적 공간으로 안전하게 진입하도록 돕고, 세션의 구조와 목표를 안내

② 치료사 역할: 편안한 분위기 조성, 세션 목표 안내, 내담자 스스로의 선택 존중

✱ 예시 대화

* **치료사:** "오늘은 당신의 마음 속 풍경을 모래상자 위에서 탐색해 보는 시간을 갖겠습니다. 어떤 이야기를 시작하고 싶으신가요?"
* **내담자:** "최근에 직장에서 스트레스를 많이 받았어요. 그걸 좀 정리하고 싶어요."
* **치료사:** "좋습니다. 그럼 지금 느끼는 감정을 모래상자에 표현해 볼까요? 어떤 인형이나 소품이 먼저 눈에 띄나요?"

✱ 상징적 의미

* 내담자가 선택하는 소품과 위치, 배치는 무의식적 감정과 내적 관계를 반영한다.
* 준비 단계에서 안전함과 자기 선택이 강조되면, 내담자는 더 자유롭게 상징을 탐색할 수 있다.

2) 표현 단계 (Expression / Symbolic Play)

① 목적: 내담자가 내면의 감정, 갈등, 욕구를 상징적 형태로 표현

② 치료사 역할: 질문보다는 관찰과 반영, 필요시 상징적 언어로 가볍게 안내

✱ 예시 대화

* **내담자:** "저기 모래 한쪽 구석에 작은 성을 놓고, 사람 인형을 주변에 배치했어요. 하지만 성 안에 들어가는 길은 막혀 있어요."
* **치료사:** "성 안으로 들어가는 길이 막혀 있다는 것이 당신에게 어떤 느낌을 주나요?"
* **내담자:** "막힌 느낌… 불안하고, 조금 답답해요."
* **치료사:** "그 불안과 답답함이 지금 상황과 연결되는 것 같네요. 성과 길이 상징하는 것이 무엇인지 생각해 보세요."

✱ 상징적 의미

* 성은 목표, 자아 또는 이상적 자기(Self)를 상징할 수 있고, 들어가는 길이 막힌 것은 현실적 장애나 내적 갈등을 나타낸다.
* 소품의 위치, 방향, 크기, 선택된 인형 유형은 모두 내적 상징체계를 보여준다.

3) 통합 단계 (Integration / Reflection)

① 목적: 표현된 상징을 통해 내담자가 내적 경험을 이해하고 자기 통찰을 습득

② 치료사 역할: 상징과 감정 연결, 의미 확장, 내적 통합 촉진

✱ 예시 대화

* **치료사:** "이 성과 막힌 길을 보며 어떤 생각이나 느낌이 떠오르나요?"
* **내담자:** "회사에서 승진을 하고 싶지만, 항상 뭔가 장애물이 있어요. 인정받고 싶은 마음과 두려움이 섞여 있어요."
* **치료사:** "모래상자 안에서 표현한 상징과 현실 상황이 연결되네요. 이렇게 표현해 보니 내 안에서 어떤 힘이 필요한지 느껴지나요?"
* **내담자:** "더 용기 있고, 조금 더 주체적으로 행동해야겠다는 생각이 들어요."

✱ 상징적 의미

* 내담자가 상징을 통해 자기 감정을 관찰하고 의미를 해석하면서, 내적 자원과 전략을 깨닫는 과정이 일어난다.

4) 종결 단계 (Closure / Ending)

① 목적: 세션을 안전하게 마무리하고, 내담자가 경험을 현실로 통합하도록 도움

② 치료사 역할: 경험 요약, 안정적 마무리, 다음 세션 연결

✱ 예시 대화

* **치료사:** "오늘 모래상자에서 만든 성과 길의 이야기, 그리고 그 안에서 느낀 감정들을 함께 돌아봤습니다. 이 경험에서 무엇을 배웠다고 생각하나요?"
* **내담자:** "내 안에서 장애물을 피하지 않고, 조금 더 용기를 내야겠다는 걸 배웠어요."
* **치료사:** "좋아요. 오늘의 작업을 마음 속에 담고, 천천히 현실로 돌아

오도록 해요."

✱ 상징적 의미

* 종결 단계에서 내담자는 상징적 체험을 현실적 삶과 연결하며 자기통합을 경험한다.
* 세션 마무리는 안전감과 성취감, 치료사 성찰의 확신을 준다.

세션의 이 네 단계는 내담자가 상징을 통해 자기 내면을 탐색하고, 내적 갈등과 가능성을 통합하는 일련의 연금술적 과정으로 이해할 수 있다. 치료사는 각 단계에서 내담자의 상징적 표현과 감정 흐름을 존중하며, 안전한 공간 안에서 변환과 통합을 경험하도록 돕는다.

✱ 네 단계 정리

* 준비: 내적 안전 확보 → 자기 선택과 세션 구조 안내
* 표현: 상징을 통한 내면 탐색 → 감정 · 갈등 표현
* 통합: 상징과 현실 연결 → 자기통찰과 내적 통합
* 종결: 경험 요약 → 안전한 마무리와 현실 통합

Ⅲ. 치료사의 성찰

- 모래상자치료 세션을 진행하면서 나는 내담자의 상징적 표현에 얼마나 민감하게 귀 기울이고 있는가? 내담자가 모래상자 안에서 자유롭게 자신의 내면을 펼칠 때, 나는 그 공간을 안전하고 신뢰할 수 있도록 충분히 마련해 주었는가?
- 또한, 세션의 각 단계—준비, 작업, 통합, 종결—에서 나의 역할과 태도는 어떻게 작용하고 있는지 성찰해 보자. 비판단적 자세로 내담자의 작업을 지켜보며, 상징의 깊은 의미를 함께 탐색하는 데 나는 얼마나 열린 마음을 유지하고 있는가?
- 내담자가 표현한 상징을 해석하며 동시에 그 의미를 내담자의 삶과 연결하는 통합 과정에서, 나는 어떤 점에서 효과적이었고, 어떤 부분을 보완해야 할까?
- 마지막으로, 이 세션 진행 방식이 내 임상 실천과 성장에 어떤 영향을 주고 있는지, 앞으로 어떻게 발전시켜 나갈지 구체적인 계획을 세워 보자. (참고: 초기 세팅 체크리스트 - 4장 참여자 활동지 1,2,3)

IV. Alchemy Track: 연금술의 1단계(니그레도)

구분	내용
연금술 단계	Nigredo — 흑화(Blackening), 해체(Dissolution)
상징	검은색, 죽음, 썩음, 혼돈, 달의 어두운 면, 겨울, 신화 속 하강 모티프
심리적 의미	자아의 기존 구조 붕괴, 혼돈과 상실 경험, 무의식의 그림자와의 대면, 변환의 필수적 서막
임상적 징후	내담자의 혼란·절망·의미 상실 표현, 반복되는 부정적 패턴, 꿈에서의 암흑·죽음·부패 이미지
치료사의 태도	비판단적 수용, 해체 과정에 대한 신뢰, 성급한 해결 시도 지양, 안전한 공간 유지
상징적 메타포	"겨울의 깊은 밤 속, 씨앗이 땅 속에서 썩으며 새로운 생명을 준비한다."
치료 기법 포인트	- 상징 이미지 경청- 감정의 '견디기' 촉진 - 꿈·환상·모래상자 이미지 탐색 - 해석보다 '있음' 중심의 개입
모래상자치료 적용 예시	- 어두운 색 모래 또는 닫힌 공간 표현 - 파괴된 집, 무너진 구조물, 메마른 나무 - 상징물의 묻힘·파손 장면 관찰 - 치료사가 이를 서둘러 '수리'하지 않고 과정을 지켜봄
변환의 열쇠	'죽음'을 피하지 않고 그 안에 머물기 — 혼돈의 심연을 통과하는 용기
종교·신화 연관	- 오르페우스의 저승 하강 - 예수의 무덤 속 3일 - 이난나의 지하세계 여행
치유적 전환점	내담자가 '이 상태가 끝이 아님'을 희미하게 인식하고, 새로운 질서의 가능성을 감지하기 시작할 때

Ⅴ. 요약노트

- 모래상자치료는 무의식과 의식의 만남을 구체적 상징 작업으로 가능하게 한다.
- 세션은 준비 → 표현 → 통합 → 종결의 네 단계로 진행된다.
- 치료사의 내적 준비와 물리적 공간 구성은 상징적 체험의 질을 결정한다.
- 니그레도는 첫 세션에서 드러나는 혼돈과 어둠의 상징이며, 변환의 시작점이다.

Ⅵ. 핵심문장

- “모래 위에서 무의식은 형태를 얻고, 의식은 그 형태를 해석한다.”
- “첫 세션의 혼돈은 새로운 질서의 서막이다.”
- “치료사의 준비는 내담자의 용기를 가능하게 한다.”

Ⅶ. 자기점검 퀴즈

1. 모래상자치료 세션의 네 단계를 올바른 순서로 나열하세요.

2. 치료사가 세션 전 점검해야 할 초기 세팅 요소 2가지를 쓰세요.

3. 니그레도가 첫 세션과 연결되는 이유를 설명하세요.

Ⅷ. 정답 및 해설

1. 준비 → 표현 → 통합 → 종결
2. (예시) 심리적 준비, 공간 구성, 상징물 준비, 기록 도구 준비 중 2가지
3. 첫 세션에서 내담자는 자신의 무의식과 처음 맞닥뜨리며, 혼돈과 어둠의 감정을 경험하는데, 이는 니그레도의 '흑화' 단계와 동일하게 변환의 출발점이기 때문이다.

연금술의 대작업 Magnum Opus Alchemiae

6장. 모래상자치료 세션의 실제와 상징의 흐름

✱ 참여자 활동지

워크숍 1. 임상 세션 실습

[활동 1] 세션 4단계 체크표

단계	치료사 역할	내가 오늘 느낀 점
준비	안전감 형성, 구조 안내	
표현	상징적 장면 관찰, 감정 반영	
통합	상징과 현실 연결, 통찰 촉진	
종결	경험 요약, 안전한 마무리	

[활동 2] 내담자 상징 기록

1. 오늘 내담자가 선택한 소품:

2. 배치한 이유:

3. 그 장면이 나에게 주는 감정:

___

[활동 3] 자기점검 퀴즈

1. 모래상자 세션의 첫 단계에서 가장 중요한 치료사의 태도는?
   (a) 해석과 조언
   (b) 비판단적 수용과 안전감 조성
   (c) 빠른 문제 해결

2. 통합 단계의 주요 목표는 무엇인가?
   (a) 내담자의 상징을 현실과 연결하여 자기 통찰을 촉진하는 것
   (b) 소품의 배치를 바꾸는 것
   (c) 감정을 억제하는 것

3. 종결 단계에서 반드시 해야 하는 것은?
   (a) 세션 내용을 요약하고, 안정적으로 마무리하는 것
   (b) 내담자에게 다음 세션 주제를 강요하는 것
   (c) 상징물을 전부 치우게 하는 것

[활동 4] 오늘의 한 단어

오늘 내가 치료사로서 더 의식해야 할 점은 ________ 이다.

워크숍 2. 주제: Alchemy Track Nigredo

✱ 활동지: Nigredo - 어둠 속의 씨앗

질문	기록 공간
1. 오늘 내가 선택한 상징물은?	
2. 장면을 만들 때 느낀 감정·몸의 감각은?	
3. 완성된 장면에서 가장 눈에 띄는 요소는?	
4. 이 장면이 나에게 말하는 한마디 메시지는?	
5. 내가 피하고 싶었던 부분은 무엇이었나?	
6. 오늘 경험이 나의 현재 삶과 연결되는 지점은?	
7. 남기고 싶은 이미지나 키워드	
그림 공간	(참여자가 장면 또는 심상 스케치: 별도의 용지 사용)

제3부

임상전문가의 통찰과 통합의 여정

제7장

투사·전이 관계의 연금술

"당신이 보는 것은 타인의 얼굴 속에 비친 자신의 그림자다."

— 김경희

Ⅰ. 서론

모래상자치료에서 치료 관계는 단순한 상호작용의 장이 아니라, 무의식적 메시지와 심리적 에너지가 흐르는 심층적 장이다. 내담자는 치료사를 자신의 내적 세계 일부로 투사하며, 이를 통해 감정·욕구·갈등을 상징적으로 드러낸다(Jung, 1964, p. 52). 이러한 투사와 전이는 무의식의 메시지를 의식화하고, 내적 갈등을 탐색·통합하게 만드는 중요한 매개체다.

치료사는 이를 단순히 관찰하는 것을 넘어, 연금술적 변환 과정으로 이해할 필요가 있다. 연금술에서 원질료가 불순한 상태(니그레도)에서 정화(albedo)와 변환(citrinitas), 완성(rubedo)에 이르듯, 치료 관계 역시 내담자의 투사와 전이를 안전하게 다루고 통합함으로써 심리적 자원이 재정렬되고 성숙하는 과정을 촉진한다(Edinger, 1994, p. 253).

본 장에서는 무의식적 상호작용의 의미, 투사와 전이의 임상적 역할, 그리고 이를 다루는 전략을 분석하며, 치료사가 자신의 내적 반응을 점검·통합할 수 있도록 돕는 구체적 방법을 제시한다.

Ⅱ. 핵심이론

1. 투사의 이해 — 내적 세계의 외적 표현

1) 정의

내담자가 자신의 감정·욕구·갈등을 무의식적으로 치료사나 외부 대상에게 부여하는 과정(Jung, 1964, p. 55).

2) 임상 해설

① 긍정적 · 부정적 감정 모두에서 나타나며, 무의식적 심상과 갈등을 표면화한다.

② 즉각 판단 · 억압하지 않고 안전한 탐색의 장을 제공해야 한다.

③ 연금술적 관점에서 니그레도(혼돈과 그림자의 표출)에 해당하며, 이를 안전하게 다루면 정화와 통찰로 이어진다(Edinger, 1994, p. 255).

3) 치료사 대화 예시

상황 A: 부정적 투사

내담자: "선생님은 저를 전혀 이해하지 못하는 것 같아요. 그냥 형식적으로 앉아 있는 거 아닌가요?"

치료사: "그렇게 느끼셨군요. 제가 당신을 이해하지 못한다고 느낄 때, 마음속에서 어떤 감정이 올라오나요?"

(→ 즉각 방어하지 않고, 감정을 탐색할 수 있는 공간 제공)

내담자: "외로워요. 아무도 제 얘기를 제대로 들어주지 않는 것 같아요."

치료사: "그 외로움이 여기서도 다시 살아나고 있는 것 같군요. 이 자리에서 그 외로움을 함께 지켜볼 수 있다면, 그것이 우리 작업의 중요한 시작일 수 있습니다."

(→ 투사의 그림자 정서를 '함께 지켜봄'으로 전환: Tip1. 참고)

상황 B: 긍정적 투사

내담자: "선생님만이 저를 정말 이해해 줄 수 있는 것 같아요. 다른 사람들은 다 몰라요."

치료사: "저에게 그런 특별한 의미를 느끼고 계시군요. 제가 당신을 이해해 준다고 느낄 때, 그 안에서 어떤 안정이나 기대가 생기나요?"

(→ 긍정적 투사를 인정하되, 감정의 근원을 탐색: Tip1. 참고)

내담자: "안심돼요. 마치 제가 안전한 곳에 있는 것 같아요."

치료사: "그 안심이 참 소중해 보입니다. 동시에, 우리 작업은 당신이 스스로도 그런 안전감을 만들어낼 수 있도록 돕는 과정일 거예요."

(→ 의존적 투사를 존중하면서도 자기 내적 자원으로 연결: Tip1. 참고)

해설

- 부정적 투사: 즉각 반박하거나 방어하지 않고, 내담자가 표현한 감정(외로움, 분노)을 상징적 재료로 함께 탐색한다 → 니그레도의 혼돈을 '정화의 불'로 전환.
- 긍정적 투사: 특별한 의미를 인정하면서, 그것이 내담자의 자기(Self) 자원으로 확장될 수 있도록 안내한다 → 투사된 힘을 자기에게 되돌려주는 작업.

2. 전이와 역전이 — 관계적 변환의 반응으로

1) 전이

내담자가 과거 중요한 관계의 감정을 치료사에게 부여하는 무의식적 현상

2) 역전이

치료사가 내담자의 투사 · 전이에 감정적으로 반응하는 과정

3) 임상 해설

① 전이는 내담자가 내적 경험을 외부화해 탐색하도록 돕는 핵심 매개체
② 역전이의 자각 · 관리 없이는 건강한 관계 유지 불가
③ 연금술적 관점에서는 전이와 역전이의 상호작용이 '심리적 반응 용광로'로 작용해 정화 · 통합을 촉진(Edinger, 1994, p. 258)

4) 치료사 대화 예시

상황 A: 전이 (내담자의 과거 관계 감정이 치료사에게 옮겨짐)

내담자: "선생님도 결국 저를 떠날 거잖아요. 예전에도 다들 저를 버렸어요."

치료사: "제가 언젠가 떠날 거라고 느끼시니, 그 경험이 지금 여기에서도 다시 살아나는 것 같군요. 이 자리에서 떠남에 대한 두려움

을 느끼고 계신 순간, 어떤 감정이 가장 강하게 올라오나요?"

(→ 내담자의 과거 경험이 현재에 재현되고 있음을 인식시켜, 탐색의 장으로 확장: Tip1. 참고)

상황 B: 역전이 (치료사의 반응 성찰)

내담자: "선생님은 저한테 화난 거 같아요. 제가 자꾸 이런 얘기해서 짜증 나시죠?"

치료사: "제가 화가 났을까 걱정되셨군요. 사실 저는 순간 당황스러움을 느꼈습니다. 하지만 그보다 더 크게 다가온 것은, 당신이 관계에서 늘 상대방의 감정을 먼저 살피며 긴장하는 모습이었어요. 그 감각이 여기서도 반복되고 있는 것 같군요."

(→ 역전이 감정을 투명하게 자각하되, 내담자의 관계 패턴을 비추는 거울로 사용: Tip2. 참고)

상황 C: 전이·역전이의 상호작용 (심리적 반응 용광로)

내담자: "선생님은 저희 아버지랑 똑같아요. 늘 저를 통제하려고만 해요."

치료사: "제가 아버지를 떠올리게 하셨군요. 지금 제 말이나 태도에서 어떤 점이 그렇게 느껴지셨나요?"

내담자: "말투가 딱 명령하는 것 같았어요."

치료사: "제가 그런 말투를 쓴 순간, 제 안에도 약간 긴장감이 있었던 것 같습니다. 이 관계 속에서 우리가 함께 그 긴장과 통제의 감각을 다룰 수 있다면, 과거의 경험을 새로운 방식으로 마주

하는 기회가 될 수 있을 것 같군요."

(→ 전이와 역전이를 '관계적 용광로'로 삼아, 혼돈을 탐색하고 새로운 통합 가능성을 여는 대화: Tip2. 참고)

해설

- 전이 상황: 내담자의 과거 감정이 현재 치료사에게 전치되었음을 확인하고 탐색의 장으로 삼는다.
- 역전이 상황: 치료사는 자신의 감정 반응을 자각하고, 내담자의 관계 패턴을 드러내는 임상적 도구로 사용한다.
- 상호작용: 전이와 역전이가 만나면서 생기는 긴장과 불편은, 연금술의 "반응 용광로"(furnace of reaction)처럼 심리적 정화와 통합을 촉진한다 (Edinger, 1994, p. 258).

Ⅲ. 치료사의 성찰

1. 치료사의 성찰 질문

- 오늘 세션에서 내담자가 표현한 투사적 감정은 무엇이었나?
- 내담자의 전이 현상을 관찰했는가? 나의 내적 반응에 어떤 영향을 주었는가?
- 나는 역전이를 경험했는가? 어떤 감정 · 생각이 나타났는가?
- 내 반응이 내담자의 안전한 탐색을 방해하지 않았는가?
- 오늘 세션에서 투사 · 전이는 변환 여정의 어느 단계(혼돈 → 정화 → 통찰 → 통합)와 연결되는가?

2. 체크리스트

- ☐ 투사와 전이를 판단 없이 관찰했다.
- ☐ 역전이 반응을 자각하고 관리했다.
- ☐ 안전한 탐색 공간을 제공했다.
- ☐ 세션 후 경험을 기록 · 성찰했다.

Ⅳ. Alchemy Track: 관계 속 연금술

연금술 단계	관계적 의미	치료사 역할	내담자 경험
Nigredo (흑화)	투사·전이가 강하게 나타남, 혼돈과 그림자 표출	판단 유보, 안전한 공간 유지	혼돈·불안·방어
Albedo (백화)	감정·상징 의미 탐색 시작	공감적 경청, 명료화	자기 감정 인식·정화
Citrinitas (황화)	관계 안에서 새로운 통찰·창조적 연결	의미 재구성, 통합 촉진	자기 이해의 확장
Rubedo (적화)	관계 통합, 성숙한 자아 관계	변화를 지지, 종결 준비	통합·성숙·안정

Ⅴ. 요약노트

- 투사: 내적 세계를 외부에 투영하여 드러내는 과정
- 전이: 과거 관계 감정을 치료사에게 부여하는 무의식적 현상
- 역전이: 치료사가 내담자의 투사 · 전이에 반응하는 과정
- 연금술적 관점: 투사 · 전이는 혼돈에서 통합에 이르는 변환의 원동력
- 안전한 치료 관계가 심층 변화를 가능하게 함

Ⅵ. 핵심문장

- "치료 관계는 내담자의 그림자가 드러나는 연금술의 용광로이며, 투사와 전이는 그 변환의 불씨다."

Ⅶ. 자기점검 퀴즈

1. 투사와 전이의 차이점은 무엇인가?

2. 역전이를 자각 · 관리하는 것이 중요한 이유는?

3. 니그레도 단계에서 치료사가 가장 먼저 해야 할 일은?

4. 전이 · 역전이의 상호작용이 심리 변환을 촉진하는 이유는?

5. 투사 · 전이를 안전하게 다루기 위해 필요한 치료사의 태도 2가지는?

Ⅷ. 정답 및 해설

1. ① 투사: 내담자가 자신의 감정·욕구·갈등을 무의식적으로 외부 대상(치료사 포함)에 부여하는 것.
   ② 전이: 내담자가 과거 중요한 관계에서 느꼈던 감정을 현재의 치료사와의 관계 속에서 반복·재현하는 것.
   ③ 차이: 투사는 대상이 과거 인물과 한정되지 않지만, 전이는 과거 관계 경험이 현재 관계 속에서 재현되는 것이다.

2. ① 치료사의 무의식적 반응이 내담자와의 관계에 왜곡을 가져올 수 있기 때문.
   ② 역전이를 자각·관리하면 치료사가 자신의 감정을 분리·정리하여 내담자에게 안전하고 일관된 치료 환경을 제공할 수 있음.
3. ① 혼돈과 그림자가 드러나는 상황에서 판단·해석보다 '안전한 그릇' 역할을 유지하는 것.
   ② 내담자가 자신의 혼란과 불안을 안전하게 표현할 수 있는 공간을 마련하는 것이 우선.
4. ① 무의식적 관계 패턴이 '여기-지금'의 안전한 관계 속에서 재현되기 때문에,
   ② 이를 자각하고 탐색하면 과거의 고착된 패턴이 새로운 방식으로 재구성·통합될 기회를 제공하기 때문.
5. ① 판단 없이 관찰하고 존중하는 태도
   ② 자신의 내적 반응(역전이)을 지속적으로 점검·관리하는 태도

연금술의 대작업 Magnum Opus Alchemiae

7장. 투사 · 전이 관계의 연금술

✱ 참여자 활동지

주제: 투사와 전이의 관찰과 해석

1. 사례 읽기

내담자: "선생님도 결국 제 이야기를 듣고 속으로는 저를 한심하게 생각하시죠?"

치료사: "당신은 제가 속으로 어떤 생각을 하고 있다고 느끼시나요?"

내담자: "어릴 때 부모님이 항상 저를 그렇게 봤어요. 아무리 잘하려고 해도 만족하지 않으셨어요. 선생님도 그럴 것 같아요."

(내담자는 모래상자에서 인형들을 모래 가장자리로 몰아넣고, 가운데는 비워둔다.)

2. 관찰 기록

1) 투사 포인트:

2) 전이 포인트:

3) 상징물 관찰:

3. 연금술 단계 분석

1) Nigredo (흑화) / Albedo (백화) / Citrinitas (황화) / Rubedo (적화) 중 어느 단계인가?

2) 이유:

4. 치료사 개입 아이디어

- 방어하지 않고 안전하게 반응하는 문장 작성:

예: "여기서는 그 마음을 판단 없이 함께 들여다볼 수 있으면 좋겠습니다."

5. 치료사의 성찰

1) 내가 치료사였다면 어떤 감정이 올라왔을까?

2) 그 감정을 어떻게 다루었을까?

3) 역전이가 개입하지 않도록 어떤 점을 유의해야 할까?

Tip 투사와 전이의 치료사 대화의 예

Tip 1. 부정적 투사와 긍정적 투사의 치료사 대화의 예

Ⅰ. 즉각 방어하지 않고, 감정 탐색의 공간 제공

1. 이해받지 못한다는 투사

내담자: "선생님은 제 마음을 전혀 모르시는 것 같아요."

치료사: "그렇게 느끼셨군요. 제가 당신을 이해하지 못한다고 느낄 때, 마음속에서 어떤 감정이 올라오나요?"

→ 즉각 반박 대신, 감정을 탐색할 수 있는 여백 제공

2. 무시당한다는 투사

내담자: "선생님도 결국 저를 무시하실 거예요."

치료사: "그런 두려움이 떠오르셨군요. 제가 당신을 무시한다고 느낄 때, 그 순간 마음속에는 어떤 느낌이 가장 먼저 찾아오나요?"

→ 투사된 감정을 함께 '여기-지금'에서 바라봄

3. 거절당한다는 투사

내담자: "선생님은 결국 저를 떠날 거예요. 다들 그렇게 했으니까요."

치료사: "제가 떠날 거라고 느끼실 때, 그 속에서 어떤 감정이 가장 크게 자리 잡고 있나요?"

→ 불안을 방어하지 않고 탐색의 길로 전환

4. 존중받지 못한다는 투사

내담자: "선생님은 저를 귀찮게 여기실 거예요."

치료사: "그렇게 느끼셨군요. 제가 귀찮아한다고 생각될 때, 그 순간 당신 안에서는 어떤 감정이 올라오나요?"

→ 자기비난의 그림자를 드러내는 탐색 기회

핵심 해설

- 치료사의 질문은 즉각적인 반박·설명·안심이 아니라, "여기-지금에서 어떤 감정이 일어나는지" 묻는 방식으로 내담자의 내적 경험을 탐색하게 만든다.
- 이는 내담자가 투사를 통해 드러낸 그림자 감정(외로움, 분노, 불안, 자기비난 등)을 안전하게 다루는 연금술적 도가니 역할을 한다. Jung(1964/1968, p. 92)은 상징과 감정의 직접적 경험이 의식과 무의식을 잇는 다리라 하였고, Edinger(1994, p. 255)는 니그레도의 혼돈이 의식화될 때 변환이 시작된다고 설명했다.

II. 투사의 그림자 정서를 '함께 지켜봄'으로 전환

1. 외로움(고립감)의 투사

내담자: "선생님도 결국 저를 혼자 두실 거잖아요."

치료사: "그 외로움이 지금 여기에서도 살아나는 것 같군요. 우리가 이 자리에서 그 외로움을 함께 지켜볼 수 있다면, 그것이 우리 작업의 중요한 시작일 수 있습니다."

→ 투사의 그림자 정서를 '관계 속에서 함께 머묾'으로 전환

2. 분노(거절 경험)의 투사

내담자: "선생님도 저를 무시하고 싶으신 거죠?"

치료사: "제가 당신을 무시한다고 느끼는 그 순간, 깊은 분노와 아픔이 함께 깨어나는 것 같군요. 지금 여기서 그 분노를 함께 바라보는 것이 우리의 중요한 과정이 될 수 있습니다."

→ 투사의 그림자 정서를 '분노-아픔의 경험을 함께 지켜봄'으로 전환

3. 불안(상실 경험)의 투사

내담자: "선생님은 결국 저를 떠나실 거예요. 다들 그랬으니까요."

치료사: "떠남에 대한 불안이 지금도 강하게 다가오고 있군요. 우리가 이 자리에서 그 불안을 함께 바라보고 견뎌낼 수 있다면, 그것이 과거와는 다른 새로운 경험이 될 수 있습니다."

→ 투사의 그림자 정서를 '새로운 경험 가능성'으로 전환

4. 자기비난의 투사

내담자: "제가 너무 귀찮게 하는 거 같죠? 선생님도 지겹지 않으세요?"

치료사: "제가 지겨워할 거라고 느끼시는 순간, 스스로를 귀찮은 존재라 여기는 오래된 감정이 깨어나는 것 같군요. 그 감정을 우리 둘이 함께 지켜보는 것이 지금 중요한 과정일 수 있습니다."

→ 투사의 그림자 정서를 '자기혐오에서 공유된 공간으로' 전환

핵심 해설

- 투사의 그림자 정서는 내담자의 내적 고통(외로움 · 불안 · 분노 · 자기비난)이 치료사에게 옮겨온 것.
- 치료사의 응답 목표는 이를 즉시 교정하거나 반박하지 않고, "여기-지금"의 안전한 공간에서 함께 지켜봄으로 바꾸는 것.
- 이는 연금술의 니그레도(혼돈과 그림자의 직면) 단계에서, 관계적 도가니 안에서 정화와 변환을 촉발하는 순간이다(Edinger, 1994, p. 255).

Ⅲ. 의존적 투사 존중 + 자기 내적 자원 연결

1. 안정감에 대한 의존적 투사

내담자: "선생님 옆에만 있으면 편해요. 혼자서는 아무것도 못 할 것 같아요."

치료사: "저와 함께 있을 때 편안함을 느끼시는군요. 그 편안함을 가능하게 하는 힘이 당신 안에도 이미 있지 않을까요? 지금 여기서 그 힘이 어떻게 작동하고 있는지 함께 살펴볼 수 있을까요?"
→ 의존의 경험을 존중 + 자기 내적 힘 탐색

2. 결정 의존의 투사

내담자: "저는 선생님이 뭘 하라고 말씀해주셔야 할 것 같아요."

치료사: "제가 방향을 정해줄 거라 기대하시는군요. 동시에, 지금까지 삶의 중요한 선택들을 해 오신 건 바로 당신이었지요. 그때 당신 안에서 어떤 자원이 작동했는지 떠올려 보실 수 있나요?"
→ 결정 의존 존중 + 과거 자기 선택의 자원 상기

3. 보호자적 투사

내담자: "선생님은 저를 절대 실망시키지 않으실 거예요."

치료사: "저를 믿어주셔서 고맙습니다. 동시에, 지금까지 실망 속에서도 버텨내고 회복해 오신 당신 자신의 힘도 있지 않았나요? 그 힘을 조금 들여다볼 수 있을까요?"
→ 신뢰 존중 + 자기 회복 자원 환기

4. 구원적 투사

내담자: "선생님 덕분에 제 인생이 바뀔 거예요."

치료사: "제가 그렇게 느껴지시는군요. 그 변화에 대한 바람 속에는 이미 당신 안의 가능성이 깃들어 있다고 생각합니다. 지금 떠오르는 그

가능성의 모습은 무엇인가요?"
→ 구원 환상 존중 + 자기 변화 가능성 탐색

핵심 해설

- 치료사는 의존적 투사를 부정하지 않고 '존중'하여 내담자가 안전감을 유지하도록 돕는다.
- 동시에, 그 감정의 뿌리를 "치료사 밖이 아닌 자기 내부"로 연결하도록 질문을 던진다.
- 이는 연금술 과정에서 알베도(정화의 단계)와 연결된다. → 타인에게 투사된 힘을 다시 자기 안의 '빛'으로 회수하는 과정(Jung, 1967/1983, p. 216; Edinger, 1994, p. 260).

IV. 긍정적 투사를 인정하되, 감정의 근원을 탐색

1. 의존적 안정감의 투사

내담자: "선생님만 있으면 마음이 편해져요. 아무 걱정도 안 들어요."
치료사: "저와 함께 있을 때 편안해지시는군요. 그런 편안함은 언제 처음 느껴보신 적이 있으신가요?"
→ 긍정적 투사를 인정 + 감정의 기원(과거 경험) 탐색

2. 이상화의 투사

내담자: "선생님은 정말 완벽하세요. 선생님처럼 되고 싶어요."
치료사: "제가 완벽하게 보이시는군요. 그렇게 '완벽하다'고 느끼셨던 경험이 과거에도 있었나요? 혹은 반대로, 누구도 완벽하지 않다고 느낀 순간은 언제였나요?"
→ 긍정적 이상화를 수용 + 내적 욕구 · 대조적 경험 탐색

3. 구원적 투사

내담자: “선생님 덕분에 제 인생이 바뀔 것 같아요.”

치료사: “제가 당신에게 큰 힘으로 느껴지시는군요. 그 기대감 속에는 어떤 필요나 바람이 담겨 있는 걸까요?”

→ 긍정적 투사 수용 + 내적 필요·결핍 탐색

4. 신뢰와 의존의 투사

내담자: “선생님은 절대 저를 실망시키지 않을 것 같아요.”

치료사: “저를 믿어주셔서 고맙습니다. 그런데 ‘실망하지 않을 사람’에 대한 믿음은 어디서 오신 걸까요? 혹은 과거에는 어떤 실망의 경험이 있으셨나요?”

→ 긍정적 신뢰를 수용 + 실망 경험/기대의 뿌리 탐색

핵심 해설

- 긍정적 투사는 내담자의 욕구, 갈망, 결핍이 “치료사”라는 인물에게 집중된 것.
- 치료사의 태도는 감정을 즉시 무너뜨리지 않고 인정하는 동시에, 그 감정의 근원을 탐색하여 내담자가 자기 내면의 심리적 자원·결핍을 재발견하도록 돕는다.
- 이는 연금술적 과정에서 알베도(정화의 단계)와 연결된다.
  → 그림자의 혼돈(니그레도)을 거쳐, 이제 내적 빛과 의미를 찾아가는 과정 (Jung, 1967/1983, p. 216; Edinger, 1994, p. 258).

Tip 2. 전이에 대한 대화 예시

Ⅰ. 과거 경험이 현재에 재현되고 있음을 인식시켜 탐색의 장으로

상황 A: 과거 부모 관계가 재현되는 전이

내담자: "선생님도 결국 저를 떠나실 거예요. 부모님처럼요."

치료사: "제가 떠날 거라는 두려움이 지금 여기서 다시 느껴지시는군요. 그것이 부모님과의 경험을 떠올리게 하는 것 같아요.
혹시 그때의 감정이 지금 이 자리에서도 반복되고 있나요?"
→ 과거 경험이 현재에 재현되고 있음을 인식

상황 B: 권위적 인물에 대한 전이

내담자: "선생님이 화내실까 봐 늘 긴장돼요. 아버지 같으세요."

치료사: "저를 볼 때 아버지를 떠올리게 되시는군요. 지금 이 자리에서 저를 바라보실 때, 아버지를 대하던 감정이 함께 일어나고 있나요?
그 감정을 여기에서 다시 탐색해 보아도 괜찮을까요?"
→ 현재 관계에서 과거 감정을 안전하게 탐색

상황 C: 과거 상처가 관계 속에서 반복되는 전이

내담자: "선생님도 결국은 저를 무시하실 거라고 느껴요."

치료사: "제가 무시할 거라는 느낌이, 이전에 다른 중요한 관계에서도 경험된 적이 있나요?
그 경험이 지금 우리 관계 안에서도 되살아나는 것 같아요. 이 자리에서 그 감정을 함께 들여다볼 수 있을까요?"
→ 과거-현재를 연결해 탐색의 장 확장

핵심 해설

- 치료사는 내담자가 현재 치료사에게 느끼는 감정 속에 과거 경험이 재현되고 있음을 인식하도록 돕는다.
- 전이를 단순한 왜곡이 아니라, 과거 상처가 현재 관계에서 치유될 수 있는 장으로 확장시킨다.
- 이는 연금술 과정에서 니그레도(과거 상처의 재현) → 알베도(정화와 이해)로 넘어가는 '관계적 도가니'에 해당한다 (Edinger, 1994, p. 258).

II. 역전이 감정을 투명하게 자각하되, 내담자의 관계 패턴을 비추는 거울로 사용

상황 A: 내담자의 반복된 무시 경험

내담자: "아무도 저를 진지하게 보지 않아요. 선생님도 그냥 흘려듣는 것 같아요."

치료사: "지금 말씀을 들으면서, 저도 순간적으로 '내가 뭔가 소홀했나?' 하는 감정이 올라왔어요.
이 감정이 저에게만 생긴 게 아니라, 다른 관계 속에서도 자주 느껴지셨던 걸까요?"
→ 자신의 감정을 자각 → 내담자의 관계 패턴을 탐색하는 거울로 활용

상황 B: 과도한 의존 요구

내담자: "선생님 없이는 저는 아무것도 못 해요. 매일 연락드리고 싶어요."

치료사: "당신의 말을 들으면서, 제가 약간 부담스러워지는 감정을 느꼈습니다.

혹시 중요한 사람에게 의지하고 싶지만 동시에 그로 인해 관계가 무거워진 경험을 해오셨나요?"

→ 역전이 감정을 드러내되, 내담자의 패턴을 비추어 탐색 확장

상황 C: 공격적 태도

내담자: "선생님은 제가 바라는 걸 절대 안 해줄 거예요. 다 똑같아요."

치료사: "그 말씀을 들을 때, 저도 순간 방어하고 싶어지는 감정이 올라왔습니다.

이런 감정을 사람들이 당신과의 관계에서 자주 느끼는 것 같으신가요?"

→ 역전이 감정을 자각하고, 그것을 '관계 거울'로 재구성

핵심 해설

- 역전이는 단순히 치료사의 감정 문제가 아니라, 내담자가 관계 속에서 반복해 온 패턴이 치료사에게도 재현되는 현상이다.
- 치료사가 자기 감정을 투명하게 자각하고, 적절히 드러낼 때, 내담자는 자신의 관계 양식을 객관적으로 바라볼 수 있다.
- 이는 연금술적 관점에서 '불 속에서 드러나는 숨겨진 물질'과 같으며, 정화(albedo)로 이어지는 변환의 열쇠이다 (Edinger, 1994, p. 259).

Ⅲ. 전이·역전이를 관계적 용광로로 다루는 대화 예시

(→ 혼돈 속에서도 새로운 통합 가능성으로 나아가기)

상황 A: 버려질 것 같은 두려움

내담자: "선생님도 결국 저를 떠나실 거예요. 다들 그랬으니까요."

치료사: "그 두려움이 지금 우리 관계 안에서도 강하게 살아 있군요.
저는 그 말을 들으며 잠시 '조심해야겠다'는 긴장을 느꼈습니다.
아마도 이 긴장이, 당신이 관계 속에서 늘 느껴온 불안과 닮아 있을 것 같아요.
지금 이 자리에서, 그 불안을 함께 지켜본다면 새로운 방식의 관계를 만들어 갈 수 있을까요?"
→ 전이(버려질 두려움)와 역전이(긴장)를 드러내 관계적 탐색의 장으로 확장

상황 B: 이상화와 의존

내담자: "선생님은 저한테 완벽한 사람이에요. 선생님 없이는 아무것도 못 할 것 같아요."

치료사: "그렇게 저를 특별하게 느껴주셔서 고맙습니다. 동시에, 제가 약간 무거워지는 감정을 느꼈습니다.
혹시 이런 의존감과 무거움이 다른 중요한 관계에서도 반복되어 왔나요?
만약 그렇다면, 우리는 지금 그 패턴을 다시 살아내고 있는 것일지도 몰라요.
하지만 이번에는 함께 지켜보며, 새로운 가능성을 찾을 수 있습니다."
→ 긍정적 전이와 역전이를 '관계적 용광로'로 전환

상황 C: 분노와 불신

내담자: "선생님은 결국 저를 실망시킬 거예요. 믿을 수가 없어요."

치료사: "그 말씀을 들으며, 저도 순간 방어하고 싶은 마음이 올라왔습니다. 이런 감정을 사람들이 당신과의 관계에서 자주 경험하는 것 같으신가요?
지금 우리 사이에서 반복되는 이 혼돈이, 오히려 새로운 이해와 통합으로 이어질 수 있을지도 모릅니다.
여기서 그 감정을 안전하게 다루어보는 건 어떨까요?"
→ 혼돈을 '통합 가능성의 장'으로 전환

핵심 해설

- 전이와 역전이는 단순한 관계 왜곡이 아니라, 내담자의 무의식적 패턴이 드러나는 심리적 용광로이다.
- 치료사가 역전이 감정을 자각하고 드러낼 때, 혼돈은 단절이 아니라 새로운 통합의 가능성으로 전환된다.
- 이는 연금술의 Calcinatio(가열과 정련 석회화) 단계에 비유할 수 있으며, 혼돈 속에서 본질이 드러나고 정화로 이어진다(Edinger, 1994, p. 260).

제8장

임상 실습의 경험과 통합

"물질이 변환되듯, 인간의 심리도 관계 속에서 은밀히 변모한다."

— 파라켈수스

Ⅰ. 서론

모래상자치료는 심리학적 이론과 상징 작업이 만나는 접점에서 발현되는 실천적 치료법이다. 2부에서는 기초 훈련을 통한 모래상자치료 기법과 상징 탐색 방법을 습득했다. 8장은 이를 실제 임상 현장에 적용하여, 내담자와의 상호작용 속에서 치료사가 전문성을 심화하는 실습 단계이다.

이론적 이해만으로는 내담자의 무의식과 상징 세계를 온전히 이해하기 어렵다. 실제 임상 경험은 내담자와 상징을 직접 마주하며 이론을 체험으로 전환하고, 치료사의 내적 성찰과 자기 통합을 촉진하는 '현장성'을 제공한다(Kalff, 2003, p. 21).

임상 실습을 통해 치료사는 자신의 그림자와 투사, 전이를 인식하고 통합하며, 내담자와의 안전하고 의미 있는 관계를 구축할 수 있다. 이는 단순한 기술 습득이 아닌, 치료사로서 존재와 전문성을 확립하는 과정이다(Jung, 1954, p. 89; Stein, 1998, p. 112).

Ⅱ. 핵심이론

1. 이론과 실제의 통합

모래상자치료의 임상 실습은 단순히 이론을 적용하는 과정이 아니라, 이론과 경험의 긴밀한 통합을 전제로 한다. 분석심리학적 이론과 연금술적 상징 해석은 치료의 토대가 되지만, 실제 치료 현장에서 내담자가 만들어내는 상징 세계는 언제나 예측할 수 없는 독창성을 지닌다. 따라서 치료사는 이론을 경직된 틀로 삼기보다, 내담자의 실제 경험과 상징적 표현 속에서 살아 있는 해석의 틀로 재구성해야 한다.

스테인(Stein, 1998)은 "경험 속에서 이론은 다시 살아나며, 이론이 살아날 때 임상가는 새로운 창조적 해석의 가능성을 얻게 된다"(p. 112)고 하였다. 이는 곧, 임상 훈련 과정에서 이론과 실제는 분리될 수 없는 상호작용적 관계임을 보여준다. 이론은 경험을 조망하는 지도를 제공하지만, 경험은 이론이 현실의 심리적 장면에서 어떻게 작동하는지를 보여주는 실제적 검증의 장이 된다.

예를 들어, 치료사는 '투사(projection)'라는 이론적 개념을 학습했을지라도, 실제 내담자가 모래상자 속에 반복적으로 '무너진 집'을 배치하거나, '부서진 전사'를 선택하는 순간, 그 개념은 단순한 정의를 넘어 내담자의 삶의 이야기와 맞닿는다. 이때 치료사는 이론을 생생한 임상 언어로 번역하여, 내담자의 경험에 맞게 유연하게 적용해야 한다.

이러한 경험 기반 학습은 치료사에게 창의적 개입 능력과 유연한 대응력을 길러준다. 단일한 기법이나 정형화된 해석을 넘어, 치료사는 내담자의 상징적 세계에 맞추어 즉흥적이고 창조적으로 반응할 수 있게 된다. 결국 모래상자치료의 훈련은 이론을 "암기하는 것"이 아니라, 임상 현장에서 살아 있는 지혜로 전환하는 과정이다.

따라서 모래상자치료의 전문성은 이론적 깊이와 경험적 폭을 동시에 요구한다. 이론은 방향을 제시하고, 경험은 그것을 구체화하며, 두 요소가 만나면서 비로소 치료사는 내담자의 상징적 여정에 동행할 수 있는 통합적 임상가로 성장한다.

2. 치료사의 성찰과 내면 작업

임상 실습 과정에서 치료사는 단순히 기법을 습득하는 훈련생에 머물지 않는다. 그는 자신의 내면을 비추는 거울을 들여다보아야 한다. 치료사의 성장은 언제나 자기의 성찰과 내면 작업을 수반한다. 이는 내담자와의 만남이 외부적 관계만이 아니라, 치료사 자신 안에서 벌어지는 무의식적 과정과 밀접하게 얽혀 있기 때문이다.

융(Jung, 1954)은 "분석가는 언제나 자신의 무의식과 더불어 작업한다. 환자의 무의식은 분석가의 무의식에 호소하며, 두 무의식이 서로 만날 때 비로소 치료적 관계가 성립한다"(p. 98)라고 하였다. 즉, 치료사의 그림자, 투사, 전이와 같은 무의식적 요소는 단순히 개인적 결함이 아니라, 내담자와의 관계 속에서 필연적으로 드러나는 심리적 장이다. 이때 치료사가 자기의 성찰을 회피한다면, 그는 무의식적 패턴에 휘말려 내담자의 고통을 오히려 강화할 위험이 있다.

임상 실습의 중요성은 바로 여기에 있다. 실습은 내담자와의 관계 속에서 자신이 지닌 심리적 제한과 무의식적 패턴을 직접 경험하게 한다. 예컨대, 특정 내담자와의 관계에서 과도한 동정심이나 짜증이 반복적으로 일어나는 순간, 그것은 단순한 개인적 기분이 아니라, 치료사가 직면해야 할 내적 그림자의 신호일 수 있다. 이러한 경험은 훈련생에게 불편함을 주지만, 동시에 자기 이해와 성장을 위한 귀중한 자료가 된다.

자기의 성찰을 통해 치료사는 자신의 그림자와 투사를 인식하고, 이를 내적 통합의 일부로 전환할 수 있다. 이러한 과정은 치료사가 내담자를 "도와야 하는 대상"으로만 보지 않고, 서로의 무의식이 만나는 동반자적 관계로 인식하도록 돕는다. 이는 단순히 기술적 능력을 넘어, 치료사가 내담자와의 진정한 만남을 가능케 하는 심리적 준비를 의미한다.

결국 임상 실습은 치료사를 기법의 단순한 습득자가 아니라, 변화의 촉진자로 성장시키는 기반이 된다. 지속적인 성찰과 내면 작업을 통해 성장한 치료사는 내담자의 상징적 여정 속에서 더 깊이 공명하며, 그 과정 자체가 하나의 연금술적 변환의 장이 된다. 내담자와의 만남은 동시에 치료사 자신의 내면 변환을 촉발하는 상호적 과정이며, 바로 이러한 이유에서 임상 실습은 이론적 학습을 넘어서는 치유적 의미를 지닌다.

3. 지속적 성장과 역량 강화

치료사의 성장은 일회적 성취가 아니라, 끊임없는 갱신과 통합의 과정이다. 임상 실습 이후에도 치료사가 지속적으로 훈련과 자기 성찰을 이어가는 이유는, 인간의 심리와 관계가 고정된 대상이 아니라 언제나 변화하기 때문이다. 따라서 치료사는 자신의 내적 역량을 지속적으로 확장하고 재구성하는 과정을 통해 전문성을 유지한다.

칼프(Kalff, 2003)는 "치료사의 내적 성숙은 임상 경험과 지도(supervision)를 통해 강화되며, 이 과정은 단순한 기술적 훈련을 넘어 치료사의 존재 자체를 변화시킨다"(p. 45)라고 하였다. 즉, 슈퍼비전은 단순히 피드백을 제공하는 자리가 아니라, 치료사의 무의식적 반응을 드러내고, 그것을 작업할 수 있는 안전한 도가니(athanor)의 역할을 한다. 치료사는 슈퍼비전을 통해 자신의 전이 · 역전이 반응을 성찰하며, 내담자와의 관계에서 보다 정제된 태도를 배워 나간다.

동료와의 피드백 또한 중요한 자원이다. 동료 치료사와의 성찰적 대화 속에서, 치료사는 자신의 개입 방식과 정서적 반응을 비추어 보고 수정할 수 있다. 이는 치료사가 혼자 고립된 자리에서 경험을 감당하지 않도록 돕는 동시에, 안정적인 정체성을 확립하도록 한다. 동료 피드백은 때로는 불편함을 주기도 하지만, 그 불편함이야말로 자기 통합을 위한 귀중한 자극이 된다.

임상 실습과 실제 임상은 치료사가 다양한 내담자의 심리적 상황과 관계적 도전에 직면하게 한다. 어떤 내담자는 극도의 의존성을 보이며 치료사를 끌어들이고, 또 다른 내담자는 강한 방어를 통해 관계 형성을 거부할 수 있다. 이러한 상황은 치료사에게 즉각적인 불안을 일으키지만, 바로 이 순간이 역량 강화의 장이 된다. 치료사가 자신의 성찰과 슈퍼비전을 통해 이러한 반응을 탐색할 때, 그는 더 유연하고 창조적인 개입 전략을 개발할 수 있다.

따라서 지속적 성장과 역량 강화는 단순히 '능력의 향상'을 의미하지 않는다. 그것은 치료사가 자기 통합을 이루어 가는 길이며, 동시에 내담자를 위한 안전하고 신뢰할 수 있는 존재로 서는 과정이다. 결국 치료사의 전문성은 끊임없는 학습과 성찰, 그리고 관계적 경험의 반복 속에서 형성된다. 이는 연금술적 변환처럼, 치료사 자신의 심리적 원질료(prima materia)가 임상 경험이라는 불길 속에서 정련되어 가는 여정이라 할 수 있다.

Ⅲ. 치료사의 성찰

1. 치료사의 성찰 질문

- 오늘 임상 실습에서 내담자의 상징적 표현을 관찰하며 무엇을 느꼈는가?
- 내 내적 반응(역전이)은 무엇이었고, 이를 어떻게 관리했는가?
- 투사와 전이가 임상 장면에서 어떻게 나타났는가?
- 이 경험을 통해 내 치료 철학과 방법이 어떻게 진화했는가?
- 임상 실습에서 발견한 나의 강점과 보완점은 무엇인가?

2. 체크리스트

- 이론과 임상 경험을 통합하려고 노력했는가?
- 내담자의 상징적 표현을 판단하지 않고 관찰했는가?
- 투사, 전이, 역전이를 자각하고 관리했는가?
- 실습 후 자신의 경험과 내담자 반응을 기록하고 성찰했는가?

IV. Alchemy Track: 임상 변환 단계 특징

단계	목표	치료사 역할	상징적 의미	예시 질문/행동
니그레도	혼돈과 그림자가 표면화되는 단계	안전한 공간 제공, 판단 없이 관찰	내담자의 그림자, 불안, 갈등	"이 장면이 당신에게 어떤 느낌을 주나요?"
알베도	내적 정화, 감정과 생각의 명료화	내담자의 감정과 상징 연결, 반영	정화, 통찰의 시작	"이 상징과 현재 느끼는 감정을 연결해 볼까요?"
시트리니타스	자기 이해와 창조적 통찰 촉진	상징적 의미 확장, 내적 자원 인식	내적 가능성과 성장	"이 상징이 당신의 내면에서 무엇을 깨우나요?"
루베도	통합과 자기실현	경험 요약, 현실과 연결	내적 통합, 변화의 완성	"오늘 경험에서 무엇을 배웠나요?"

V. 요약노트

1. 이론과 실제의 통합

- 모래상자치료 임상 실습은 이론과 경험의 긴밀한 통합을 전제로 한다.
- 치료사는 다양한 내담자와 상징적 상황을 경험하면서 이론적 틀을 재해석하고, 현장 맞춤형 개입 전략을 개발한다 (Stein, 1998, p. 112).
- 경험 기반의 학습은 창의적 개입과 유연한 대응 능력을 향상시킨다. 임상 실습 중 치료사는 자신의 그림자, 투사, 전이를 관찰하고 통합하는 과정을 수행한다(Jung, 1954, p. 98).

2. 치료사의 성찰과 내면 작업

- 치료사의 성찰을 통해 치료사는 내적 제한과 무의식적 패턴을 이해하며, 내담자와의 진정한 만남을 위한 심리적 준비를 갖춘다.
- 이는 치료사가 단순한 기법 습득자가 아닌, 변화의 촉진자로 성장하는 기반이 된다.

3. 지속적 성장과 역량 강화

- 새로운 임상 경험과 슈퍼비전은 치료사의 전문성과 자기 통합을 강화한다 (Kalff, 2003, p. 45).
- 동료 피드백과 성찰 활동을 통해 치료사는 자신의 내적 반응을 관리하며 안정적인 치료사 정체성을 확립할 수 있다.

- 임상 실습은 다양한 심리적 상황과 관계적 도전에 효과적으로 대응할 수 있는 능력 배양의 장이 된다.

VI. 핵심문장

- 임상 실습은 이론을 온전히 체험으로 전환하는 통합의 장이다.
- 치료사의 성찰과 자기 관리가 안전한 상징적 만남을 가능하게 한다.
- 경험 기반 학습은 모래상자치료에서 창의적 개입과 치료 효과를 극대화한다.

VII. 자기점검 퀴즈

1. 임상 실습에서 이론과 경험을 통합하는 이유는 무엇인가?

2. 내담자의 그림자와 투사를 다루기 위해 치료사가 갖추어야 할 태도는 무엇인가?

3. Alchemy Track의 니그레도 단계에서 치료사의 가장 중요한 역할은 무엇인가?

4. 임상 실습 후 성찰을 통해 치료사가 얻는 핵심 이점은 무엇인가?

5. 실습 경험과 슈퍼비전이 치료사 성장에 기여하는 방식은 무엇인가?

Ⅷ. 정답 및 해설

1. 이론만으로는 내담자의 무의식과 상징 세계를 깊이 이해하기 어렵기 때문에, 실제 임상 경험을 통해 이론을 체험으로 전환하고, 상징 해석과 개입 능력을 실질적으로 향상시키기 위함이다(Stein, 1998, p. 112).
2. 판단 없이 관찰하며 안전한 탐색 공간을 제공하는 태도
   자신의 내적 반응(역전이)을 자각하고 관리하는 태도(Jung, 1954, p. 98)
3. 내담자의 혼돈과 그림자가 표면화되는 것을 안전하게 수용하고, 판단 없이 관찰하며, 내담자가 상징을 탐색할 수 있는 환경을 제공하는 것(Edinger, 1994, p. 255)
4. 자신의 그림자, 투사, 전이를 인지하고 통합함으로써 치료사 정체성을 확립하고, 내담자와 깊이 있는 관계를 형성하며, 임상적 판단과 개입 능력을 향상시킬 수 있다(Jung, 1954, p. 98).
5. 새로운 임상 경험과 피드백을 통해 자신의 이론적 틀을 점검하고, 치료 방식의 효과성을 재평가하며, 전문성과 내적 통합을 지속적으로 강화한다(Kalff, 2003, p. 45).

연금술의 대작업 Magnum Opus Alchemiae

8장. 임상 실습의 경험과 통합

✱ 참여자 활동

주제: 임상 실습의 실제

[활동 1] 내담자 상징 배치 의미

피규어/상징물	배치 위치	의미/느낌	예시
성	중앙	보호, 안전	내담자 불안 → 방어적 공간
물 웅덩이	좌측	감정 혼돈	내담자 내적 불안, 불확실성
작은 사람	주변	도움 요청	내담자 지원 욕구 표현

[활동 2] 투사·전이 관찰

관찰된 투사/전이	내 반응(역전이)	생각/느낌	예시
내담자가 성을 반복 강조	보호하고 싶은 느낌	조급함, 긴장	치료사 내 무의식적 불안
물 웅덩이 선택	불안감 증가	심장 두근거림	내담자 혼돈 감정 공유 → 나의 불안 반응

[활동 3] 치료사의 성찰

- 오늘 임상 실습에서 가장 인상 깊었던 상징 표현:
- 내담자의 투사와 전이를 관찰하며 느낀 점:
- 내적 반응(역전이)의 자각 경험:
- 니그레도 단계의 혼돈과 그림자를 안전하게 다룬 경험:

- 임상 실천에 적용하고 싶은 점:

[활동 4] 참여자 기록 용지

내담자의 모래상자 피규어 배치 기록

1. 기본 정보

- 내담자 이름/코드: ______________________________
- 세션 번호/날짜: ______________________________
- 세션 시간: ________________ ~ ________________
- 치료사 이름: ______________________________

2. 전체 모래상자 배치 개요

- 모래상자 방향 표시 (치료사 시점 기준)
- 위: 북 / 아래: 남 / 왼쪽: 서 / 오른쪽: 동
- 배치 개요 스케치 (사각형 박스 안에 간단히 그림으로 위치 표시)

(스케치 공간)

3. 피규어 기록 방법

1) 피규어 목록

번호	피규어 이름/종류	위치 (좌표/방향)	특징/행동	색감·재질	내담자 코멘트	치료사 관찰
1	예: 전사(기사)	북쪽 중앙	칼을 들고 있음	은색 금속	"싸우고 싶어요"	긴장된 목소리, 손 힘줌
2	예: 작은 집	남서쪽 구석	안정적 배치	갈색 나무	"내 집 같아요"	집 주변에 아무도 두지 않음

2) 공간/방향별 상징

- 북쪽 배치: ____________________
- 남쪽 배치: ____________________
- 동쪽 배치: ____________________
- 서쪽 배치: ____________________

3) 중심 · 주요 상징

- 중심에 놓인 피규어: ____________________
- 대비/갈등 구조: ____________________
- 반복적으로 나타난 상징: ____________________

4. 상호작용과 과정 기록

- 내담자의 작업 과정(피규어 선택, 이동, 손동작 등):

____

- 치료사의 개입/질문:

____

- 내담자의 반응/언어:

____

5. 치료사 성찰

- 내적 반응(감정 · 역전이):

____

- 연금술적 단계(니그레도/알베도/시트리니타스/루베도 등)와 연결:

____

- 임상적 시사점(다음 세션 고려사항):

____

작성 가이드

- 내담자의 언어는 "직접 인용"으로 기록.
- 치료사의 관찰은 중립적 · 기술적 언어 사용.
- 심리적 해석은 별도의 성찰 칸(5번)에 기록하여, 관찰과 해석을 구분할 것.
- 가능하면 스케치와 좌표 기록(예: 북쪽 중앙, 남서쪽 구석 등)을 병행.

제9장

연금술 여정의 자기 인식과 통찰

"상징은 의식을 녹이고, 새로운 자아를 주조한다."

— C. G. Jung

Ⅰ. 서론

임상현장에서 활동하는 전문치료사는 이미 수많은 내담자의 이야기를 듣고, 다양한 상징과 마주하며, 변화와 치유의 순간을 경험해 왔다. 그러나 경험이 쌓일수록 상담자는 종종 내담자의 이야기보다 자신 안에서 일어나는 무의식의 반응과 깊이 마주하게 된다. 이는 융이 말한 "분석가의 무의식은 분석 과정에서 중요한 작용을 한다"는 원리(Jung, 1990, p. 156)를 다시 상기시키는 순간이기도 하다.

이 장에서 다루는 연금술적·분석심리학적 고급 심화과정 워크숍은, 단순한 기법 훈련을 넘어 상징과 자기(Self) 간의 변환 과정을 임상 안에서 포착하고 해석하는 능력을 훈련하는 데 목적이 있다. 연금술의 도가니에서 금속이 서서히 순화되듯, 심층 치료에서는 치료사와 내담자 모두가 무의식의 열과 압력을 견디며 '새로운 형태'로 거듭난다(Edinger, 2011, p. 45).

2부에서의 첫 세션이 '관계 형성과 기초 구조 마련'에 중점을 두었다면, 3부의 첫 세션은 무의식과의 실질적인 대면을 준비하는 자리다. 치료사가 내담자에게 무의식과 만나는 문을 열어 주고, 그 문을 통과하는 용기를 지지하는 자리다. 그 이후 드러나는 혼돈과 그림자의 상징은 두려워할 것이 아니라, 새로운 변환의 가능성을 여는 신호다. 치료사는 연금술사의 태도로 이 과정을 지켜보며, 무의식의 언어가 스스로 말할 수 있도록 보존된 심리적 공간을 제공해야 한다. 여기서 치료사는 이미 익숙한 해석적 틀을 내려놓고, 상징이 스스로를 드러낼 수 있는 심리적 공간(모래상자)을 창조해야 한다. 이는 "분석이 깊어질수록 해석보다 상징 자체의 작용이 중요해진다"는 융의 통찰(Jung, 2001, p. 298)과 만나는 지점이다.

따라서 이 장에서는, 내담자가 제시하는 상징을 단순히 '이해하는 것'이 아니라, 그 상징 안에서 살아 움직이는 변환의 힘을 체험하고 동행하는 것이 핵심이다. 이때 연금술적 사고는 임상가에게, 상징을 해석하는 분석가에서 나아가 상징과 함께 변화하는 '동반자'의 자리에 서게 한다. 결국 이 심화 훈련은 치료사가 상징의 도가니(모래상자) 속에서 자신과 내담자를 동시에 성숙시킬 수 있는 힘을 기르는 과정이 될 것이다.

II. 핵심이론

1. 변환의 도가니: 상담과 연금술의 평행구조

연금술에서 도가니(crucible)는 원질료(prima materia)가 열과 압력을 받으며 새로운 물질로 변환되는 장소다. 심층 상담에서 이 도가니는 치료사와 내담자가 함께 형성하는 심리적 공간에 해당한다. 에딩거(Edinger, 2011, p. 45)는 이를 "치료사의 의식과 무의식, 내담자의 의식과 무의식이 만나는 장"이라고 설명하며, 여기서 두 사람 모두 변화의 영향을 받는다고 본다. 이 장의 심화 워크숍에서는 치료사가 단순한 해석자가 아니라 변환의 장을 지키는 도가니의 수호자 역할을 수행해야 한다.

2. 상징의 자율성과 변환력

융(C. G. Jung)은 "상징은 자율적으로 작동하며, 의식의 개입 없이도 변환을 이끈다"(Jung, 2001, p. 298)고 강조했다. 이는 상징이 단순한 '메시지'가 아니라, 살아 있는 심리적 사건이라는 의미다.

심층 사례 분석에서는, 치료사가 상징을 고정된 의미로 환원하지 않고, 그것이 심리 안에서 스스로 작용하는 시간을 허용해야 한다. 이 과정에서 상징은 내담자뿐 아니라 치료사에게도 변환의 기회를 제공한다.

3. 다층적 해석: 개인, 문화, 집단 무의식

상징(symbol)은 단일한 의미로 환원되지 않는다. 그것은 늘 여러 겹의 층위를 지니며, 개인의 삶과 문화적 맥락, 그리고 인류 보편의 원형적 경험을 동시에 반영한다. 따라서 심층적 해석은 이 다층성을 간과하지 않고, 각각의 층위를 분리해 바라본 뒤 다시 종합하는 과정을 필요로 한다.

1) 개인 무의식의 층위

개인의 무의식은 삶의 경험, 가족사, 그리고 개인적 기억 속에서 형성된다. 예를 들어, 내담자가 모래상자 속에 작은 집 피규어를 배치했다고 하자. 이는 단순히 보편적인 '집'의 상징일 수도 있지만, 그 내담자에게는 어린 시절의 안전했던 공간 혹은 불안정했던 가정환경을 의미할 수 있다. 즉, 같은 '집'이라 하더라도 개인의 생애사적 경험이 투영되면서 그 의미는 독자적으로 해석되어야 한다. 융은 무의식의 개인적 층위를 "개인의 삶에서 억압되거나 의식되지 못한 내용들의 저장소"라 정의하며, 이 영역을 충분히 탐색하지 않는다면 상징은 내담자의 실존적 맥락을 잃을 위험이 있다고 보았다(Jung, 1969, p. 42).

2) 문화 무의식의 층위

상징은 또한 특정 문화권과 시대적 가치관을 반영한다. 예컨대 용(龍)의 이미지는 한국이나 동양 문화권에서는 권위와 생명력을 상징하는 반면, 서구의 전통에서는 종종 위협과 혼돈으로 간주되었다. 따라서 동일한 피규어나 상징이라도 문화적 배경을 고려하지 않으면 왜곡된 해석으로 이어질 수 있다. 마리-루이제 폰 프란츠(Marie-Louise von Franz)는 "상징은 문화적 역사 속에서 구체적 형태를 얻으며, 그것이 나타나는 맥락에 따라 의미가 달라진다"고 지적했다(von Franz, 1980, p. 213). 모래상자치료에서 치료사는 내담자가 속한 문화적 · 사회적 배경을 이해하고, 그 맥락에서 상징이 지닌 의미를 존중해야 한다.

3) 집단 무의식의 층위

마지막으로 상징은 개인과 문화를 넘어서는 집단 무의식의 차원을 지닌다. 이는 인류 보편의 경험 속에서 반복되어 온 원형(archetype)적 상징의 층위다. 융(Jung, 1959)은 집단 무의식을 "모든 인류가 공유하는 보편적 경험의 심층 구조"라고 하였다(p. 69). 예를 들어, 바다(ocean)의 이미지는 개인에게는 여행의 기억이나 상실의 체험과 연결될 수 있고, 문화적으로는 한국의 바다와 신화적 전승을 떠올리게 할 수 있으며, 더 깊은 차원에서는 무의식 그 자체를 상징하는 집단적 원형으로 작동할 수 있다.

4. 다층적 해석의 임상적 의의

심층 워크숍에서 강조하는 것은 이 세 층위를 분리해서 관찰한 뒤, 다시 통합하는 훈련이다. 만약 치료사가 상징을 지나치게 개인적 차원에서만 해석한다면, 내담자의 경험은 지나치게 사소화될 수 있다. 반대로 집단적 원형의 차원만 강조한다면, 내담자의 실제적 고통과 구체적 맥락이 소외될 수 있다. 따라서 치료사는 개인적 경험, 문화적 맥락, 집단 무의식의 보편성 사이에서 균형을 잡아야 하며, 이를 통해 상징이 가진 총체적 의미를 드러낼 수 있다.

궁극적으로 상징은 개인과 세계, 과거와 현재, 의식과 무의식을 연결하는 다리이다. 다층적 해석은 이 다리 위에서 내담자가 자기 삶의 맥락을 재발견하고, 동시에 인류 보편의 여정과 연결됨을 경험하게 하는 과정이다. 이러한 통합적 관점은 모래상자치료가 단순한 놀이를 넘어, 연금술적 변환의 장이 되도록 이끄는 핵심 기제가 된다.

5. 치료사의 자기 작업: 변환의 참여자 되기

연금술사가 납과 같은 원질료(prima materia)를 다루는 동안, 단순히 외부 물질만을 변화시키는 것이 아니다. 그는 도가니 속에서 일어나는 화학적 작용을 지켜보며, 동시에 자신의 내면에서 일어나는 심리적 변환을 체험한다. 이처럼 연금술은 언제나 물질의 변화와 수행자의 변화를 동시에 포함한다. 모래상자치료의 장에서도 치료사는 내담자의 상징적 작업을 지켜보는 외부 관찰자에 머무르지 않고, 그 변환 과정 속에서 자신의 무의식을 함께 마주해야 하는 참여자가 된다.

융은 "분석가의 무의식은 분석 과정에서 중요한 작용을 한다"(Jung, 1990, p. 156)고 강조하였다. 이는 치료사가 내담자의 무의식적 투사와 정서적 파동을 단순히 해석하는 데 그치는 것이 아니라, 자신의 내적 반응을 통해 무의식의 상호작용을 읽어내야 함을 뜻한다. 실제 임상에서 치료사는 내담자의 불안, 분노, 의존, 혹은 사랑의 감정이 자신 안에서 일으키는 미묘한 반향을 경험하게 된다. 이러한 반응은 불편하거나 혼란스러울 수 있으나, 그것을 억압하거나 회피할 경우 상담은 정체되거나 왜곡될 위험이 있다. 오히려 치료사는 이러한 경험을 자기 성찰의 자료로 삼아, 내담자와의 관계 속에서 무엇이 드러나고 있는지를 탐색해야 한다.

심층 상담에서는 치료사가 단순한 해석자의 위치에서 머무르지 않고, 내담자와 함께 여정을 걷는 동반자로 전환되는 것이 필수적이다. 이는 치료사의 권위를 내려놓고, 상징과 무의식의 언어를 함께 경청하는 태도로 전환됨을 의미한다. 예컨대, 내담자가 모래상자 속에서 어두운 동굴을 반복적으로 배치할 때, 치료사는 그 상징을 분석적으로 해석하기보다, 자신에게 떠오르는 감정과 상상을 점검하며 내담자와 공유할 수 있다. 이를 통해 치료사는 내담자가 홀로 짊어진 무의식의 그림자를 공동으로 감당하는 자로서 참여한다.

자기 작업(self-work)의 중요성은 여기에서 분명해진다. 치료사가 자신의 그림자, 투사, 전이 반응을 꾸준히 탐색하지 않으면, 내담자의 심리적 여정을 안전하게 동행하기 어렵다. 연금술의 도가니가 금속을 정화하고 변환시키듯, 치료사의 자기 성찰은 내적 도가니가 되어 무의식적 반응을 정화하고, 더 큰 심리적 용량을 만들어낸다. 결국, 치료사는 단순히 기법을 적용하는 전문가가 아니라, 내담자와 더불어 변환을 겪는 참여자가 된다.

이러한 맥락에서 치료사의 자기 작업은 윤리적 책무와도 깊이 연결된다. 치료사가 자신을 변환의 참여자로 받아들일 때, 그는 내담자에게 일방적 변화를 요구하지 않고, 관계 속에서 함께 변모해 가는 과정을 존중한다. 이는 상담을 단순한 문제 해결의 장이 아니라, 상호적 변환의 여정으로 만드는 핵심 기반이 된다.

6. 심층 사례 분석의 첫 세션: 무의식과의 대면

2부의 첫 세션이 치료사와 내담자 간의 관계 형성과 기초 구조 마련에 초점을 두었다면, 3부의 첫 세션은 한 단계 더 깊이 들어가, 무의식과의 실질적인 대면이 그 목표가 된다. 이는 단순한 기법 적용이나 표면적 관계 구축을 넘어서, 무의식의 언어가 드러날 수 있는 공간을 열고, 그것을 함께 맞이하는 작업이다.

융은 "무의식은 언제나 상징을 통해 자신을 드러내며, 그것을 환영할 준비가 되어 있는 자만이 진정한 변환의 과정을 시작할 수 있다"라고 하였다(Jung, 1959/1968, p. 41). 이 말은 치료사가 첫 심층 세션에서 가장 먼저 해야 할 일이 해석이나 조언을 앞세우는 것이 아니라, 상징이 자유롭게 떠오를 수 있는 심리적 그릇을 마련하는 것임을 분명히 한다.

1) 연금술적 입문의식: 문을 여는 태도

심층 상담의 첫 단계는 연금술적 입문 의식과도 같다. 연금술에서 대작업(magnum opus)의 시작은 언제나 문을 통과하는 행위로 상징된다. 이 문은 외부 세계와 내부 세계, 일상적 의식과 무의식의 세계를 나누는 경계이며, 동시에 변환의 장으로 들어가는 입구다. 모래상자치료에서 이 문은 내담자가 모래와 피규어 앞에 앉는 순간, 즉 무의식의 언어가 표현될 수 있는 장이 열린다는 사실 속에 구현된다. 치료사의 역할은 이 문을 안전하게 열고, 내담자가 두려움 없이 진입할 수 있도록 동반자로 서 있는 것이다.

2) 문을 통과한 이후: 무의식의 첫 표상

문을 통과한 뒤 나타나는 것은 대개 혼돈과 그림자의 표상이다. 연금술의 첫 단계인 니그레도(Nigredo)는 암흑과 해체, 기존 질서의 붕괴를 상징한다. 첫 심층 세션에서도 내담자는 종종 혼란스러운 이미지, 불안정한 배치, 혹은 파괴적 상징을 드러낸다. 예컨대, 무너진 집 모형, 갈라진 땅, 고립된 인물 피규어 등은 무의식이 드러내는 붕괴와 죽음의 상징일 수 있다. 이때 치료사는 해석을 서두르기보다, 그 상징이 충분히 존재할 수 있도록 보존된 장(holding space)을 지켜내야 한다.

3) 다음 단계로의 진입: 상징과의 대화

무의식의 첫 표상과의 대면은 새로운 여정의 출발점일 뿐이다. 내담자가 이 혼돈을 회피하지 않고 바라볼 수 있을 때, 상징은 점차 의미의 파편들을 드러내기 시작한다. 치료사는 이를 돕기 위해 질문이나 해석 대신, "여기서 무엇이 보이시나요?"와 같이 상징과 직접 대화할 수 있는 언어를 제공한다. 이는 연금술에서 물질을 가열하면서 그것이 스스로 분리와 결합을 경험하게 하는 과정과 같다.

4) 이후의 전개: 변환의 연속 단계

입문의 문을 통과하고 니그레도의 어둠을 마주한 뒤에는, 상징은 점차 정화(albedo), 황금화(citrinitas), 통합(rubedo)의 단계를 향해 움직인다. 첫 세션은 그 과정 전체의 방향을 설정하는 자리로, 무의식의 언어를 존중하는 의식적 자세를 내담자와 치료사가 함께 세우는 순간이다. 치료사가 이 입문 의식을 진지하게 다룰수록, 이후의 여정은 단순한 문제 해결의 차원을 넘어, 진정한 변환의 길로 나아갈 수 있다. 이상의 설명을 아래의 표로 요약하였다.

✱ Alchemy Track: 심층 사례 분석의 첫 세션 — 무의식과의 대면

단계	연금술적 상징	상담 장면	치료사 태도·개입 포인트
1. 입문 (Threshold)	문을 통과함 — 의식과 무의식의 경계 진입, 새로운 여정 시작	내담자가 모래상자 앞에 앉음. 긴장, 주저, 침묵으로 시작할 수 있음	"이 공간은 당신의 이야기를 담을 수 있는 그릇입니다." → 안전감과 환영의 분위기 제공
2. 니그레도 대면 (Chaos & Shadow)	혼돈과 붕괴 — 기존 질서의 해체, 어둠의 상징 등장	무너진 집, 고립된 인물, 파괴적 배치, 어두운 색감 등	해석을 서두르지 않고 상징이 존재할 수 있도록 보존. "이 장면을 함께 지켜보겠습니다."
3. 상징과의 대화 (Dialogue with Symbols)	분리와 탐색 — 무의식의 파편이 드러나기 시작	내담자가 피규어나 모래에 대해 주저하며 이야기 시작. 상징적 의미의 단편적 언급	"이 피규어는 어떤 느낌을 주나요?" → 상징과 직접 대화할 수 있도록 열린 질문 제공
4. 다음 단계 전개 (Towards Transformation)	정화와 통합을 향한 움직임 — 상징이 새로운 질서를 암시	파편적 이미지가 이야기로 연결되거나, 관계·구조가 드러남	상담자는 보존된 심리적 공간 유지, 성급한 해석 없이 다음 세션으로 이어갈 수 있는 맥락 지지

Ⅲ. 치료사의 성찰

1. 치료사의 성찰 목표

- 상징에 대한 나의 임상 습관을 인식하고 점검하는 것
  나는 상징을 해석하려는 경향이 강한가, 아니면 기다릴 줄 아는가?

- 무의식 반응에 대한 자기 인식을 강화하는 것
  내담자의 상징이 나에게 불러일으키는 감정 · 이미지를 의식화하기
- 해석자에서 동반자로의 태도 전환을 준비하는 것
  상징과 함께 머무르며 변화의 과정에 참여하는 자세 갖기
- 연금술적 치료사의 자기 작업의 필요성을 내면화하는 것
  상담 과정에서 나 자신도 변환의 도가니 속에 있음을 자각하기

2. 치료사의 성찰 질문

- 나는 최근 상담에서 내담자가 제시한 상징을 해석하려는 습관이 강했던 순간은 언제였는가?
- 그때 상징의 자율성과 변환력을 충분히 기다려주었는가?
- 내 무의식이 반응하는 이미지를 분석가로서가 아니라 인간으로서 경험한 적이 있는가?
- 상징과 '함께' 머무르는 시간이 나의 임상 태도에 어떤 변화를 만들 수 있을까?

핵심 해설

- '나는 어떻게 상징을 다루고 있는가?'라는 질문에서 출발
- 나의 무의식 반응을 회피하지 않고 기록 · 탐색
- 치료사의 자기 변화 없이는 내담자의 변환도 깊어지기 어렵다는 인식 강화

IV. 치료사의 성찰 가이드

1. 활동 목적

- 상징과 무의식 반응에 대한 자기 인식을 심화
- 치료사 자신의 임상 습관과 태도 점검
- 해석자에서 동반자로 전환하는 내적 준비

2. 진행 방법

① 조용한 환경 조성

- 조명을 부드럽게 조정하고, 휴대폰은 끄거나 무음으로 설정
- 마음을 차분히 하기 위해 1~2분간 깊게 호흡

② 사례 속 상징 이미지 떠올리기

- 최근 상담에서 강하게 인상에 남은 상징 하나를 선택
- 그 상징을 떠올렸을 때의 감정 · 이미지 · 몸의 반응을 관찰

③ 성찰 질문에 답하기

- 나는 이 상징을 보았을 때, 즉시 해석하려 했는가, 아니면 기다렸는가?
- 내 무의식에서 어떤 이미지나 기억이 떠올랐는가?
- 이 반응이 상담 장면에서 나의 태도에 어떤 영향을 주었는가?

④ 저널링 작성

- 감정, 생각, 신체 감각, 떠오른 상징 등을 구체적으로 기록
- 문장은 완벽하지 않아도 됨. 중요한 것은 '솔직함'

⑤ **통합 성찰**

- 기록한 내용을 다시 읽으며, 나의 임상 태도와 상징과의 관계를 한 문장으로 요약

3. 저널링 예시 문장

- "그 상징을 보는 순간, 나는 설명해야 한다는 압박감을 느꼈다."
- "그 이미지는 내 어린 시절의 기억을 떠올리게 했다."
- "나는 내담자의 이야기를 듣기보다, 내 머릿속 해석을 정리하는 데 집중하고 있었다."
- "상징이 나를 불편하게 만든 이유는, 그것이 내 안의 미해결 과제를 건드렸기 때문이다."
- "만약 그 순간 해석 대신 침묵을 선택했다면, 더 깊은 무언가가 나타났을지도 모른다."
- "이 경험은 내가 상징과 '함께 머무는' 힘을 더 길러야 한다는 것을 깨닫게 했다."

Tip 활용 팁

- 저널링은 반드시 개인 보관을 원칙으로 하여 안전한 심리적 공간을 보장
- 같은 상징에 대해 워크숍 전과 후에 기록을 남기면 변화 추적 가능

Ⅴ. Alchemy Track: 치료사의 연금술 여정

	연금술 단계	임상가의 심리적 여정	워크숍 활동 포인트	기대되는 변화
1	Nigredo - 어둠 속의 눈뜨기	익숙한 해석 틀을 내려놓고 무의식의 혼돈과 대면	사례 속 상징을 해석 없이 관찰하기	상징에 머무르는 인내와 열린 태도
2	Albedo - 의미의 빛 찾기	상징이 드러내는 패턴과 관계의 맥락 인식	개인·문화·집단 무의식 층위 해석	다층적 의미 읽기 능력 강화
3	Citrinitas - 자기와의 조우	상징이 나의 무의식에 불러오는 반응 탐색	자기 이미지 작업, 내적 대화	치료사의 자기 작업 심화
4	Rubedo - 통합의 불빛	내담자 상징과 치료사 경험의 연결	통합 토론 및 임상 적용 전략	임상 안에서 상징과 함께 변화하는 태도 확립
5	Philosopher's Garden - 새로운 창조	변환을 거친 치료사의 창의적 임상 설계	후속 사례 계획 및 연구 아이디어 도출	지속적 성찰과 전문성 성장

✱ Alchemy Track 활용 방식

- 워크숍 전: 트랙 순서를 안내해, 참가자가 각 단계에서 자신이 어디에 있는지 인식하도록 돕는다.
- 워크숍 중: 각 트랙의 이름과 이미지를 시각 자료로 제공해, 참여자가 몰입할 수 있게 한다.
- 워크숍 후: 개인 저널링 시 트랙 번호를 붙여 기록함으로써, 자기 변화를 하나의 '연금술 앨범'처럼 추적한다.

VI. 요약노트

- 연금술적 심층 상담의 핵심은 해석보다 체험이다.
- 상징은 내담자의 현재 상태뿐 아니라 변화의 가능성을 함축상징은 여러 층위를 가진다.
  - 개인 무의식: 내담자의 생애사, 꿈, 개인적 경험과 연결
  - 문화 무의식: 시대적 가치, 전통, 사회적 맥락과 연결
  - 집단 무의식: 인류 보편의 원형(archetype)과 연결

  심층 워크숍에서는 이 세 층위를 분리하여 관찰한 뒤, 다시 통합하는 훈련을 한다.
- 치료사는 상징과 함께 변화하는 '동반자'로서의 태도를 지녀야 한다.
- 무의식의 변환 과정은 치료사 자신의 자기 작업 없이는 깊이 일어나기 어렵다.

VII. 핵심문장

- "상징은 해석의 대상이 아니라, 함께 살아야 하는 심리적 사건이다."
- "연금술의 도가니 속에는 내담자와 치료사 모두가 들어간다."
- "심층 상담의 첫 세션은 무의식과의 실질적 대면을 준비하는 자리다."

Ⅷ. 자기점검 퀴즈

1. "상징은 의식을 녹이고, 새로운 자아를 주조한다"는 명제가 임상에서 의미하는 바를 설명하고, 본인이 겪었거나 상상 가능한 임상 장면 1가지를 예로 들어 서술하세요.

2. 연금술의 도가니(crucible) 은유를 사용해, 심층 작업에서 치료사에게 요구되는 태도를 기술하고, 보존된 장(holding space)을 유지하기 위한 구체적 실천 2가지를 제시하세요.

3. 동일한 상징이라도 개인·문화·집단 무의식의 세 층위에서 다르게 이해될 수 있다. 예를 들어 '용(龍)' 또는 '집'을 택해, 각 층위의 의미를 간략히 구분해 설명하고, 임상에서 축소(한 층위로만 환원)를 피하는 방법을 쓰세요.

4. 심층 작업 첫 세션(입문/니그레도 국면)에서 파괴적·혼돈적 상징이 등장할 때, 치료사의 언어·태도·개입 원칙을 기술하고, 해석을 서두를 때의 위험을 서술하세요.

Ⅸ. 정답 및 해설

1. **핵심**: 상징은 고정 해석 이전에 체험적 작용으로 의식을 유연하게 만들고('녹임'), 자아의 방어를 완화하며 새로운 통합 구도를 형성하게 한다('주조').
   임상 예: 내담자가 반복적으로 무너진 다리를 배치 → 치료사는 해석을 급히 제시하지 않고, 상징이 불러오는 감각·감정·몸 반응을 함께 머문다 → 회기들이 쌓이며 다리가 복구/연결 상징으로 변주 → 대인 관계의 새로운 시도(전화 한 통, 짧은 만남)로 이어짐.
   포인트: 해석 & 체험, 경청·동반이 상징의 자율적 변환력을 활성화한다.
2. **태도**: 치료사는 해석자/통제자가 아니라 변환의 장을 지키는 수호자. 열(정서 강도)과 압력(관계의 긴장)을 조율하며 상징이 스스로 작용하도록 견디고 기다

리는 존재.

실천 예(2가지 이상):

- 시간·침묵의 보호: 상징이 펼쳐질 여백 보장, 말 간섭 최소화.
- 정서 온도 조절: 내담자의 감당 범위 안에서 노출 조정(속도·강도 조절, 그라운딩).
- 절차적 안전: 비밀보장, 예측 가능한 세션 리듬, 환경(빛/소음/동선) 관리.
- 관계적 반영: 짧고 중립적 미러링("여기에서 멈추어 보셨네요.").

포인트: 견딤·온도조율·예측가능성이 도가니의 안정성을 만든다.

3. **예: 집**

개인: 어린 시절 안전/불안의 기억, 현재의 독립·경계 이슈.

문화: 한국적 '가(家)'의 정서, 돌봄/서열/기대의 의미, 가족 규범.

집단: 자기(Self)의 거처, 중심/보호/통합의 원형.

축소 방지법:

- 층위 분리-다시 통합 절차(개인 → 문화 → 집단 순으로 탐색 후 종합)
- 내담자 언어 우선("당신에게 집은 지금 무엇인가요?")
- 시간축 추적(반복/변환 양상 기록)

포인트: 한 층위 강조는 왜곡을 낳기 쉬움. 다층적 경청 → 맥락화 → 통합이 원칙.

4. **언어**: 개방·묘사 중심 질문("여기서 무엇이 보이시나요?", "이 장면 가까이에 머물러 볼까요?"), 단정·원인 해석 회피.

태도: 경청·침묵·견딤, 정서적 동조는 하되 감정 과포화 시 속도 감속.

개입 원칙: 안전 우선→체험 우선→의미는 뒤따라옴. 기록은 과정 중심(반복·위치 변화·강도).

조기 해석 위험: 상징의 자율성 차단, 방어 재강화, 전이 왜곡, 내담자의 주체성/창조성 약화.

포인트: 니그레도는 '문턱'이다. 보존된 장을 지키면 상징이 스스로 정화-황금화-통합의 방향으로 움직일 수 있다.

연금술의 대작업 Magnum Opus Alchemiae

9장. 연금술 여정의 자기 인식과 통찰

✱ 참여자 활동지

주제: 임상의 연금술 단계

1. 워크숍 활동 요약

상징 이미지: (그림 또는 단어로 기록)

Track 1 - 첫 반응 기록:

- 감정 / 신체감각 / 생각

Track 2 - 의미 분석:

- 개인적 의미 / 내담자 맥락 / 문화적 의미

Track 3 - 자기와의 조우:

- 상징이 드러낸 나의 부분

Track 4 - 통합 아이디어:

- 내담자 변화와 연결할 방법

Track 5 - 창조 계획:

- 향후 적용 아이디어 / 실험 계획

2. 워크숍 활동지

1단계: Nigredo (어둠 속의 눈뜨기)

▸ 질문

1) 최근 임상에서 가장 강하게 떠오른 '상징 하나'를 적어주세요.
   * 단어나 그림, 혹은 형태로 표현 가능

2) 그 상징을 떠올릴 때, 즉각적으로 느낀 감정 · 신체감각 · 생각을 적어주세요.
   해석하지 말고 있는 그대로 기록합니다.

▸ 작성란

- 상징: ____________________
- 감정: ____________________
- 신체감각: ____________________
- 떠오른 생각: ____________________

2단계: Albedo (의미의 빛 찾기)

▸ 질문

1) 이 상징은 나 개인에게 어떤 의미가 있습니까?
2) 내담자의 상황과 맥락에서 이 상징은 무엇을 나타낼까요?
3) 문화적 · 집단무의식 속에서 이 상징은 어떻게 이해될 수 있을까요?

▸ 작성란

- 개인적 의미: ____________________
- 내담자 맥락 의미: ____________________
- 문화적 의미: ____________________

3단계: Citrinitas (자기와의 조우)

▸ 질문

1) 이 상징은 나의 어떤 그림자나 잠재성을 드러내고 있나요?

2) 내가 이 상징에 불편함 또는 매혹을 느낀 이유는 무엇일까요?

▸ 작성란

- 드러난 나의 부분: ______________________________

- 불편함/매혹의 이유: ______________________________

4단계: Rubedo (통합의 불빛)

▸ 질문

1) 이 상징과 나의 반응을 내담자의 변화 과정과 어떻게 연결할 수 있을까요?

2) 내담자와의 대화에서 이 상징을 활용해 던질 수 있는 새로운 질문은 무엇일까요?

▸ 작성란

- 내담자 변화와 연결 아이디어: ______________________________

- 새로운 질문: ______________________________

5단계: Philosopher's Garden (새로운 창조)

▸ 질문

1) 오늘 상징 작업을 통해 떠오른 향후 임상에서의 실험 아이디어는 무엇입니까?

2) 내가 앞으로 취할 새로운 태도나 접근 방식은 무엇입니까?

▸ **작성란**

- 실험 아이디어: ______________________________

- 새로운 태도/접근: ______________________________

마무리 성찰

오늘 상징 작업을 통해 나에게 가장 깊이 남은 통찰 한 줄을 적어주세요.

“____”

제10장

루베도의 통합과 종결의 상징

"끝맺음은 문을 닫는 것이 아니라, 새로운 길을 여는 일이다."

— C. G. Jung

Ⅰ. 서론

루베도(Rubedo)는 연금술적 변환의 마지막이자 가장 찬란한 순간이다. 오래도록 어둠 속에서 견뎌온 원재료가 마침내 불과 빛을 통과해 순수한 황금으로 변하는 그 순간, 금속은 단순히 외형만 변한 것이 아니라 본질적으로 '다른 존재'가 된다. 심리치료에서 루베도는 바로 이러한 존재의 변환을 상징한다.

이 단계에서 종결은 단순히 '마침표'를 찍는 기술적 절차가 아니다. 그것은 내담자가 자기(Self)와 깊이 조우하여, 과거의 상처와 분열된 부분들이 하나로 통합되고, 그로부터 삶의 새로운 의미와 방향이 태어나는 의식(ritual)이다.

치료의 전 과정에서 우리는 내담자와 함께 낯선 영역을 탐험하고, 무의식의 어둠을 통과하며, 고통 속에서 의미의 씨앗을 발견했다. 루베도는 이 여정의 결실로서, 단순한 회복을 넘어 자기실현의 문을 여는 순간이다. 치료사는 이 종결의 시점에서 '작별'이라는 외형 뒤에 숨겨진 통합의 깊이를 읽어내고, 내담자가 그 변화를 삶 속에서 지속적으로 살아낼 수 있도록 안내하는 안내자이자 증인이 된다.

이러한 관점에서 종결은 하나의 끝이 아니라, 변환 이후의 삶을 시작하는 통과의례이다. 치료사는 내담자가 스스로의 이야기에서 의미를 길어 올리고, 상징과 이미지로 변화를 봉인하며, 변화된 자아로 다음 장(Chapter)을 살아갈 수 있도록 돕는 의미 통합 설계자의 역할을 하게 된다.

루베도의 종결 설계는 그래서 단순한 종료 보고나 계획 마무리가 아니라, 내담자의 심리적 황금을 발견하고, 그것을 잃지 않도록 심리적 '그릇'에 담아주는 작업이다. 이 장은 루베도의 관점에서 종결을 설계하는 원리와 전략, 그리고 완결 신호를 읽어내는 방법을 다룬다.

II. 핵심이론

루베도(Rubedo)는 연금술에서 모든 정련 과정을 거친 후 최종적으로 도달하는 붉은 빛의 단계로, '완성'과 '통합'을 상징한다(Edinger, 2011, p. 143). 이 붉은 빛은 단순히 색채가 아니라, 심리적으로는 생명력의 회복, 열정의 재점화, 그리고 대립적 요소의 화해를 의미한다. 융(C. G. Jung)은 루베도를 자기(Self)의 탄생과 동일시하며, "모든 대립이 하나의 원 안에서 조화를 이루는 순간"이라고 설명했다(Jung, 1990, p. 212).

1. 루베도의 상징: 완성과 화해의 붉은 빛

연금술의 마지막 단계인 루베도(Rubedo)는 '붉어짐'을 뜻하며, 이는 단순한 색채적 현상이 아니라 심리적·영적 변환의 절정을 의미한다. 루베도의 붉은 빛은 생명력, 사랑, 창조의 에너지를 담고 있으며, 동시에 인간 존재가 내적 분열을 넘어 온전함(wholeness)에 도달했음을 상징한다. 융(C. G. Jung)은 루베도를 "무의식과 의식이 화해하며, 자아가 자기(Self)와의 합일을 경험하는 단계"라고 보았다(Jung, 2001, p. 358). 이때의 붉음은 단순한 외적 색이 아니라, 내면 깊숙한 상처가 정화되어 새로운 의미로 다시 태어나는 내적 빛이다.

임상적 장면에서 루베도의 징후는 여러 모습으로 드러난다.

첫째, 자기표현의 자유이다. 내담자는 더 이상 방어적이지 않고, 자신의 내적 세계를 보다 진솔하고 창조적으로 드러낼 수 있게 된다. 이는 이전 단계에서 경험했던 억압과 혼돈의 질서가 해소되었음을 보여준다.

둘째, 관계에서의 균형 회복이다. 내담자는 치료사와의 관계에서 과도하게 의존하거나 철저히 회피하지 않고, 상호적이고 균형 잡힌 관계를 맺게 된다. 이는 전이와 투사의 강한 긴장이 완화되었음을 나타내며, 심리적 자율성과 상호성이 회복되는 순간이다.

셋째, 삶의 방향성 재설계이다. 내담자는 자신의 내적 자원과 외적 자원을 능동적으로 활용하며, 과거의 상처에 매이지 않고 미래를 향한 창조적 비전을 그려나가려는 의지를 보여준다. 이 과정은 단순한 증상의 해소를 넘어, 삶 전체를 새로운 이야기(new narrative)로 재구성하는 것이다.

폰 프란츠는 루베도를 "궁극적으로 자아와 자기(Self)가 만나는 순간이며, 인간이 '진정으로 자신이 되는(becoming oneself)' 단계"(von Franz, 1980, p. 247)라고 설명하였다. 즉, 루베도는 자기실현의 빛이며, 심리적 여정의 완성이다. 그러나 이 완성은 고정된 도착점이 아니라, 끊임없이 새롭게 이루어지는 살아 있는 과정이다. 치료사의 과제는 이 순간을 기술적 마무리로 환원하지 않고, 하나의 의식(ritual)으로 존중하는 것이다. 그렇게 할 때, 내담자의 경험은 단순한 치료의 종결이 아니라 존재의 재탄생으로 자리매김할 수 있다.

결국 루베도의 붉은 빛은, 내담자와 치료사가 함께 걸어온 상징적 여정이 '완성의 빛'으로 열매 맺는 순간을 상징한다. 이는 상처와 혼돈의 어둠 속에서 길러진 불씨가 마침내 불꽃으로 타올라, 존재 전체를 밝히는 과정이다.

2. 루베도의 종결 설계 전략: 변환의 의식으로서의 마무리

루베도의 단계에서 상담의 종결은 단순한 기술적 종료가 아니라, 상징적·의식적 마무리로 이해되어야 한다. 연금술적 전통에서 루베도는 물질의 최종 정화와 통합, 즉 '붉은 빛' 속에서 완성을 상징한다. 마찬가지로, 모래상자치료의 종결은 내담자가 자신이 걸어온 여정을 재인식하고, 그것을 자기 삶의 맥락 속에 새롭게 배치하는 의식(ritual)의 순간이다. 이를 위해 치료사는 다음과 같은 전략을 활용할 수 있다.

1) 명시적 종결 선언

종결의 첫 단계는 여정의 끝을 명시적으로 선언하는 것이다. 이는 단순한 절차적 안내가 아니라, 내담자가 자신이 걸어온 과정을 되돌아보며 성장을 의식적으로 자각하는 기회를 제공한다. 치료사는 초기의 혼돈과 불안(니그레도), 희망과 정화의 순간(알베도), 그리고 새로운 의미가 싹트는 단계(시트리니타스)를 회고하도록 이끈다. 이러한 회상은 내담자가 자신의 변화를 '일시적 사건'이 아니라 연속된 내적 여정으로 이해하게 한다. 융(Jung, 1967/1989)은 "종결의 순간은 단절이 아니라, 의식이 새로운 차원으로 넘어가는 문"이라고 강조하였다(p. 243). 즉, 종결 선언은 마침표가 아니라, 새로운 삶의 장으로 이어지는 '의례적 전환'이다.

2) 상징화 작업

종결은 내담자의 변화를 상징적 언어로 집약하는 자리이기도 하다. 치료사는 내담자와 함께 여정을 대표하는 상징, 이미지, 혹은 메타포를 만들어낼 수 있다. 예를 들어, 한 내담자가 자신의 변화를 "검은 숯 속에서 드러난 불씨"라는 이미지로 표현했을 때, 이는 니그레도의 어둠을 지나 루베도의 빛으로 이어지는 길을 압축적으로 담아낸 것이었다. 폰 프란츠(von Franz, 1980)는 "상징은 경험의 압축된 표현이며, 그 자체로 치유의 에너지를 지닌다"(p. 157)고 말한다. 따라서 상징화 작업은 내담자의 경험을 단순히 회고하는 수준을 넘어, 새로운 자기서사의 원형적 기호를 제공한다.

3) 의미 통합 대화

종결 과정의 또 다른 핵심은 내담자가 변화된 자기와 앞으로의 삶의 방향을 언어화하도록 돕는 것이다. 이는 내담자가 치료에서의 변화를 지속 가능한 서사로 통합하는 과정이다. 치료사는 "이 경험이 당신의 앞으로의 삶에 어떤 의미를 지닐까요?"와 같은 질문을 통해, 내담자가 자기 내적 변화를 미래의 삶과 연결시키도록 안내한다. 스테인(Stein, 1998)은 "치료의 종결은 내담자가 자기 변화의 의미를 개인적 서사 안에 재구성하는 순간"이라고 지적하며(p. 112), 이를 통해 내담자는 새로운 정체성과 방향성을 갖춘다.

4) 전이와 재경험 다루기

종결에서 중요한 마지막 전략은 치료사와의 관계를 되돌아보고, 전이와 역전이의 과정을 재평가하는 것이다. 이는 내담자가 과거 관계 패턴이 어떻게 상담 관계 안에서 재현되고, 또 어떻게 변환되었는지를 인식하게 하는 단계다. 에딩거(Edinger, 2011)는 "종결에서의 전이 재경험은 내담자가 무의식적 관계 패턴을 의식화하고, 새로운 방식으로 관계 맺음을 시도할 수 있는 결정적 순간이다"(p. 150)라고 설명한다. 치료사는 이 과정을 통해, 내담자가 과거의 상처를 반복하는 대신, 새로운 관계의 가능성을 내면화할 수 있도록 돕는다.

결론적으로 종결은 치료의 단순한 종료가 아니라, 루베도의 상징처럼 변화의 붉은 빛 속에서 완성을 확인하는 의례적 순간이다. 명시적 종결 선언, 상징화 작업, 의미 통합 대화, 그리고 전이와 재경험 다루기의 네 가지 전략을 통해, 내담자는 자신의 심리적 변환을 삶 속에 자리매김할 수 있다. 이때 치료사는 단순한 안내자가 아니라, 의식적 의례를 함께 수행하는 동반자로서 내담자의 자기 실현을 마무리 짓는다.

3. 내적 통합과 자기실현

내적 통합은 자아와 무의식, 의식과 감정, 상처와 회복된 부분이 새로운 질서로 재구성되는 것을 뜻한다(Jung, 2001, p. 402). 이는 종종 내담자가 스스로를 이전보다 넓은 관점에서 바라보고, 자신의 다양한 면모를 인정하며 수용하는 경험으로 나타난다. 자기실현은 이러한 통합을 토대로, 고유한 삶의 목적과 가치에 따라 살아가는 주체성을 회복하는 과정이다. 이는 융이 말한 '자기(Self)와의 일치'이며, 루베도의 궁극적인 심리적 성과라 할 수 있다(Jung, 1990, p. 225).

4. Alchemy Track에서의 루베도 완결 신호

루베도의 도래는 내담자의 언어와 행동 속에서 미묘하게 드러난다.

예를 들어, 내담자가 과거의 상처를 감정의 폭발 없이 하나의 이야기로 말할 수 있을 때, 이는 이미 통합의 신호다.

또한, 스스로 문제 해결 전략을 창출하거나, 대인관계에서 이전과 다른 선택과 행동 패턴이 나타나는 것도 중요한 지표다.

마지막으로, 삶의 '다음 장'을 설계하려는 욕구가 표출될 때, 상담자는 종결 의식을 설계할 준비가 되었음을 알 수 있다(Edinger, 2011, p. 153).

Ⅲ. 치료사의 성찰

- 나는 종결 시점에서 내담자에게 어떤 감정을 느끼는가?
- 종결 직전, 나는 치료사로서 불안 · 아쉬움 · 자부심 중 어떤 감정이 두드러지는가?
- 나는 종결을 '끝'이 아니라 '변환의 문'으로 경험하고 있는가?

Ⅳ. 치료사의 성찰 가이드

1. 최근 종결한 사례를 떠올린다.
2. 종결 직전 · 당일 · 이후의 내 마음 변화를 기록한다.
3. 내담자의 루베도 신호를 몇 가지 확인한다.
4. 내가 개입한 방식이 내담자의 자기실현에 어떤 영향을 주었는지 평가한다.

✱ 저널링 예시 문장

- "그 순간, 내담자는 더 이상 내 해석을 기다리지 않았다."
- "마지막 세션에서 우리는 서로의 눈빛 속에서 긴 여정을 확인했다."
- "종결 후 나는 한동안 그 내담자의 이야기를 내 마음에서 곱씹었다."

V. Alchemy Track: 루베도의 완결 & 개입

단계	완결 신호	개입 포인트
루베도	내담자가 자기 이야기 속에서 의미를 스스로 언어화	변화 과정을 축하하는 의례(ritual) 제안
	새로운 행동 패턴이 일상에서 나타남	상징적 종결 이미지·메타포 함께 만들기
	과거 상처에 대해 담담하게 회고	변화된 자기와 미래를 연결하는 질문 던지기
	타인에게 배운 것을 나누고 싶어 함	공동체·관계 확장 계획 세우기

VI. 요약노트

- 루베도는 종결이자 새로운 시작
- 종결 설계는 내담자의 변화를 상징적으로 '봉인'하는 과정
- 완결 신호를 놓치지 말고, 의식화 · 축하 · 통합의 과정을 거쳐야 함
- 치료사도 종결을 자기 성찰과 성장의 계기로 삼아야 함

VII. 핵심문장

"종결은 떠남이 아니라, 자기와 재회하는 의식이다."

Ⅷ. 자기점검 퀴즈

1. 루베도(Rubedo)를 "종결"이 아니라 "의식(ritual)으로서의 전환"으로 보는 이유를 설명하고, 임상에서 이를 반영한 종결 설계 요소 1가지를 예로 드세요.

2. 루베도 단계에서 관찰할 수 있는 임상적 징후 2가지를 서술하고, 각각이 통합을 시사하는 이유를 설명하세요.

3. 루베도 종결 설계의 네 가지 전략(① 명시적 종결 선언, ② 상징화 작업, ③ 의미 통합 대화, ④ 전이·재경험 다루기) 중 두 가지를 선택해, 회기에서의 구체적 질문/개입 문장을 각각 한 가지씩 작성하세요.

4. 루베도 국면에서 치료사가 해석을 서두를 때의 위험 2가지와, 이를 피하기 위한 태도 원칙 1가지를 쓰세요.

Ⅸ. 정답 및 해설

1. **이유**: 루베도는 정련의 완성·통합을 상징하며, 내담자가 자기(Self)와의 합일을 경험하여 새로운 삶의 장으로 넘어가는 통과의례이기 때문. 단순 종료가 아니라 변환의 봉인과 전환을 의식적으로 다룬다.
   예시 요소: 명시적 종결 선언(여정 회고: Nigredo-Albedo-Citrinitas-Rubedo를 함께 요약) / 상징화 작업(여정을 대표하는 상징·이미지 만들기) / 의미 통합 대화(변화가 앞으로의 삶에 갖는 의미 언어화) 중 1가지.
   해설: 종결은 마침표가 아니라 새로운 서사로의 진입이다. 의례화된 설계(선언·상징화·의미 통합)는 변화를 일회성 사건이 아니라 지속 가능한 정체성 변화로 고정한다.
2. **징후 예**: 자기표현의 자유도 증가(방어 감소, 진솔하고 창조적 표현) → 자아-무의식의 화해 지표.
   관계 균형 회복(과의존/회피 감소, 상호성 증가) → 전이 긴장 완화, 자율성·상호성의 회복.
삶의 방향성 재설계(미래 계획, 선택의 변화) → 증상 완화를 넘어 새 내러티브로의 전환.

해설: 루베도의 핵심은 통합과 삶의 재구성이다. 위 징후들은 내담자가 상징적 작업을 일상 속 행동·관계·계획으로 전환했음을 보여 준다.

3. ① 명시적 종결 선언: "우리가 지나온 여정을 니그레도부터 루베도까지 한 번 함께 돌아보며 지금의 변화를 정리해 볼까요?"
② 상징화 작업: "당신의 변화를 하나의 이미지/상징으로 표현한다면 무엇일까요?"
③ 의미 통합 대화: "이 변화가 앞으로의 삶과 선택에 어떤 의미로 남을까요?"
④ 전이·재경험 다루기: "우리 관계 안에서 예전의 패턴이 어떻게 재현되었고, 지금은 무엇이 달라졌는지 함께 짚어볼까요?"

해설: 전략은 의례화(선언) - 압축(상징화) - 서사화(의미 통합) - 관계 재구성(전이 다루기)로 연결된다. 구체 문장은 변화를 인지·정서·관계·행동 차원에서 고정시키는 레일이다.

4. **위험**: 상징의 자율성 차단(내담자 주체성·창조성 위축).
방어 재강화/전이 왜곡(관계의 의례적 전환 실패, 통합의 균열).

태도 원칙: 보존된 장(holding space) 유지—경청·침묵·여백을 확보하고, 체험을 우선하며(의미는 뒤따름) 정서 '온도'를 조율한다.

해설: 루베도는 봉인·전환의 섬세한 시기다. 치료사는 연금술의 도가니를 지키듯, 성급한 의미 부여 대신 체험의 성숙을 기다려야 통합이 일상으로 이월된다.

연금술의 대작업 Magnum Opus Alchemiae

10장. 루베도의 통합과 종결의 상징

✱ 참여자 활동지

주제: 루베도의 종결 설계

목표: 루베도의 상징과 종결 전략을 이해하고, 내적 통합·자기실현 경험을 자기 서사로 통합한다.

1단계: 도입

2단계: 루베도의 상징

- 핵심 개념: 붉은색 — 생명력, 완성, 열정, 사랑
- 심리적 의미: 대립 요소의 화해, 변환의 결실, 자기(Self)의 탄생
- 임상적 징후: 자기표현 자유로움, 관계 균형, 자원 활용 능력
- "끝맺음은 문을 닫는 것이 아니라, 새로운 길을 여는 일이다."

1) 질문

① 지금의 나에게 '붉은색'은 어떤 감정과 이미지를 떠올리게 하나요?

② 치료 과정에서 내가 느낀 가장 '완성에 가까웠던 순간'은 언제였나요?

2) 실습

루베도를 상징하는 나만의 이미지나 심벌을 그려보세요.

(컬러펜/색연필 사용 가능)

3) 저널링

오늘 내가 떠올린 루베도의 순간과 상징은 내 삶에서 어떤 의미를 갖는지 적어보세요.

3단계: 종결 설계 전략

- 명시적 종결 선언 — 치료 여정 회고
- 상징화 작업 — 여정을 대표하는 상징·메타포
- 의미 통합 대화 — 변화된 자기와 미래 방향
- 전이와 재경험 다루기 — 관계 패턴 통찰

1) 질문

① 내 여정을 한 문장으로 표현한다면?

② 치료를 마치고 나의 새로운 이야기는 어떤 방향으로 나아갈까요?

2) 실습

종결 전략 중, 오늘 나에게 가장 필요한 단계를 하나 선택하여 구체적인 실행 계획을 적어보세요.

3) 저널링

치료사와의 관계에서 내가 새롭게 배운 '관계 패턴'은 무엇인가요?

4단계: 내적 통합과 자기실현

- 내적 통합: 자아·무의식, 의식·감정, 상처·회복이 하나로 재구성
- 자기실현: 고유한 목적과 가치에 따라 살아가는 주체성 회복

1) 질문

① 지금 나는 내 안의 어떤 대립이 화해했다고 느끼나요?

② 나의 '삶의 가치' 3가지를 적어보세요.

2) 실습

내적 통합을 상징하는 짧은 문장(루베도 선언문)을 작성해보세요.
예: "나는 더 이상 과거의 상처에 묶이지 않고, 나답게 살아간다."

3) 저널링

오늘 내가 선택한 삶의 가치가 앞으로 나의 행동에 어떻게 영향을 줄까요?

5단계: 루베도 완결 신호

- 과거 상처를 '이야기'로 말할 수 있음
- 스스로 문제 해결 전략 창출
- 새로운 선택과 행동 패턴
- '루베도 이후' 설계 욕구 표출

1) 질문

① 나는 지금 '루베도 이후'를 어떻게 설계하고 싶은가?
② 현재 나의 대인관계에서 새롭게 나타난 변화는 무엇인가?

2) 실습

'루베도 이후'의 첫 장면을 짧은 시나리오로 써보세요.

3) 저널링

종결을 앞둔 지금, 내가 치료사에게 꼭 전하고 싶은 말은 무엇인가요?

제4부

모래상자치료사의 성찰과 윤리

제11장
치료사 작업의 연금술 문

"치료사는 자신의 그릇을 먼저 씻어야 한다."

— 김경희

Ⅰ. 서론

“치료사가 자기 자신을 돌보지 않는다면, 결국 내담자의 고통 속에서 자신의 그림자를 만나게 된다.”

상담과 치료의 현장에서 치료사는 늘 ‘타인의 이야기’를 듣는다. 그러나 그 이야기를 듣는 귀와 마음은 치료사 자신의 내면을 통과한 뒤 내담자에게 닿는다. 만약 그 내면이 장기간 돌봄 없이 방치되었다면, 그 공간은 지쳐 있거나, 막혀 있거나, 심지어 무의식적인 방어로 굳어 있을 수 있다.

문제는, 치료사가 스스로의 소진 · 분열 · 감정적 과부하를 인식하지 못한 채 상담을 계속하는 순간 발생한다. 이는 겉으로는 성실함과 헌신처럼 보일 수 있지만, 실상은 내면의 경고 신호를 무시한 채 앞으로 나아가는 위험한 선택일 수 있다.

치료사의 심리적 · 정서적 문제는 대개 외부에서 갑작스럽게 드러나지 않는다. 그것들은 미세한 피로, 무의식적 회피, 내담자에 대한 과도한 동일시나 거리두기, 반복되는 감정 반응 등으로 서서히 모습을 드러낸다. 이러한 현상은 단순한 ‘업무 스트레스’로 치부되기 쉽지만, 깊이 들여다보면 그것은 치료사의 무의식이 보내는 무언의 목소리일 수 있다.
이 소리를 듣지 못하면, 치료사는 결국 내담자의 이야기를 진정으로 듣지 못하게 되고, 자신의 그림자와 미해결 과제를 내담자 관계 속에 투사하게 될 위험이 있다.

이러한 점에서 치료사 자신이 ‘내면 작업’을 지속적으로 수행하는 이유는 명확하다.

자신의 그림자를 인식하고, 무의식의 목소리를 들으며, 심리적 균형을 회복하는 것은 단순한 자기 보호를 넘어 치료의 질과 윤리를 지키는 핵심 조건이다. 이 장에서는 치료사가 자기 성찰을 소홀히 했을 때 나타나는 문제들을 살펴보고, 그 신호들을 어떻게 인식하며, 실제로 치료사 자신의 작업을 시작하고 유지할 수 있는 방법들을 다룬다.

II. 핵심이론

치료사의 자기 작업(self-work)은 단순한 자기 성찰이나 휴식의 차원을 넘어, 전문적 윤리와 임상적 효과를 보장하는 필수적 과정이다. 분석심리학적 관점에서 볼 때, 치료사의 내면은 내담자의 이야기와 감정에 닿기 전에 이미 필터 역할을 하며, 이 필터가 제대로 정비되지 않은 경우 내담자의 경험은 왜곡되거나 부분적으로만 이해될 수 있다(Jung, 1966/2010, p. 154).

치료사의 내면은 자아와 그림자, 아니마/아니무스, 원형(archetype) 등 복합적인 심리 구조로 이루어져 있으며, 이들 구조가 의식적 통제 없이 작동할 경우 내담자 관계에서 반복적 패턴과 투사가 발생할 수 있다(Kalsched, 1996/2013, p. 87).

치료사 자신이 겪는 심리적 과부하, 감정적 피로, 무의식적 회피는 초기에는 미세한 징후로 나타나며, 외부에서는 쉽게 감지되지 않는다. 그러나 이러한 징후는 내면의 경고 신호로, 이를 무시하고 지속적인 상담 활동을 수행할 경우, 내담자와의 관계에서 비효율적이거나 윤리적 문제가 발생할 수 있다(Siegel, 2012, p. 203). 특히, 치료사의 그림자(shadow)와 미해결 과제가 내담자에게 투사될 때, 치료사는 자신의 내면적 갈등을 반복적으로 경험하게 되며, 이는 치료적 관계를 왜곡하는 동시에 자기 성장의 기회를 놓치게 한다(Jung, 1938/2012, p. 121).

치료사 자신의 작업에는 다음과 같은 핵심 요소가 포함된다.

첫째, 내면 감각의 인식으로 자신의 정서적 상태, 피로 수준, 감정적 반응 패턴을 지속적으로 관찰하는 것이다.

둘째, 무의식과의 대화를 통해 반복적 꿈, 상징적 이미지, 전이-역전이 반응 등을 성찰하며 자신의 심리적 과제를 탐색하는 것이다.

셋째, 심리적 균형과 통합을 위해 명상, 모래상자 작업(sandtray work), 슈퍼비전(supervision) 등 구체적 자기 작업 방법을 활용하는 것이다. 이러한 과정은 단순히 자기 보호의 차원을 넘어, 내담자의 안전과 치료적 효과를 극대화하는 윤리적 책임이기도 하다(Freud, 1914/2011, p. 67).

결론적으로, 치료사 자신의 작업은 외부적 성과나 테크닉적 숙련을 넘어, 내면의 정직성과 지속적 자기 성찰을 기반으로 한다. 이를 통해 치료사는 자신의 그림자를 인식하고, 무의식적 반응을 관리하며, 내담자와의 관계에서 진정한 공감과 이해를 실현할 수 있다. 본 장에서는 치료사 자신의 작업 필요성과 방법, 내면의 경고 신호를 인식하는 구체적 전략들을 탐구하며, 치료사가 지속 가능한 임상 활동을 수행할 수 있는 기반을 제공한다.

Ⅲ. 치료사의 성찰

- 나는 최근 내담자와의 관계에서 피로, 회피, 과도한 동일시를 느낀 적이 있는가?
- 최근 나는 어떤 신체적 · 정서적 피로를 경험했는가?
- 최근 꿈이나 상징적 이미지에서 나를 비추는 내용이 있었는가?
- 오늘 나는 자신의 감정과 신체 반응을 얼마나 관찰했는가?
- 나의 내면 균형과 내담자 안전을 위해 오늘 어떤 선택을 했는가?

IV. Alchemy Track: 치료사 자신의 연금술 작업

단계	심리·상징적 의미	내적 경고/ 성장 신호	자기 관찰 포인트	자기 개입·실천 전략
1단계 니그레도 (Nigredo, 흑화)	내면 어둠 직면, 그림자·무의식 표출, 자아 해체	의욕 상실, 반복적 자기비난, 관계 회피, 감정 폭발/억압, 시간·공간 감각 약화	세션 전후 에너지 변화, 부정적 자기 대화 빈도, 감정 기복 기록	휴식·재충전, 명상·호흡법, 저널링, 슈퍼비전 참여, 안전한 감정 표출
2단계 알베도 (Albedo, 백화)	정화, 자아 구조 재형성, 감정·사고 명료화	감정 안정 증가, 사고 명료, 창의성 회복 조짐	어떤 활동이 나를 차분하게 하는지, 집중이 잘 되는 시간대	규칙적 자기 관리 루틴 확립, 세션·일상 균형, 신체 활동(걷기·요가)
3단계 시트리니타스 (Citrinitas, 황화)	자기와 작업의 의미 재발견, 통찰·창조성 확대	내담자와의 상호작용 활력, 새로운 아이디어·임상 기법 시도 욕구	창의적 영감이 떠오르는 순간 기록, 세션 중 몰입감 수준	전문성 개발, 연구·교육 참여, 창의적 프로젝트 시작
4단계 루베도 (Rubedo, 적화)	통합·완성, 내면과 외부 세계의 조화, 지속 가능한 실천	자기와 직업에 대한 깊은 만족감, 회복 탄력성 강화	감사·성취 경험 빈도, 스트레스 후 회복 속도	장기적 비전 설정, 후배 지도·멘토링, 사회적 기여 활동

Tip 활용 팁

- 이 표는 치료사 자기 작업의 로드맵 역할을 하며, 각 단계의 전환은 순환적
- 내적 경고 신호가 나타나면 다시 니그레도 작업으로 돌아가 자기 점검을 강화

V. 요약노트

1. 치료사 자기 작업의 중요성

- 치료사는 내담자의 이야기를 자신의 내면을 통과시켜 받아들인다.
- 내면이 돌봄 없이 방치되면, 소진 · 분열 · 무의식적 방어가 발생할 수 있다.
- 자기 작업은 치료의 질과 윤리를 유지하는 핵심 조건이다.

2. 무의식 경고 신호 인식

- 미세한 피로, 감정 과부하, 반복적 반응, 내담자와의 과도한 동일시/거리두기가 초기 신호.
- 이러한 신호를 무시하면 내담자 관계에서 투사와 왜곡 발생.

3. 치료사 내면 구조 이해

- 그림자, 아니마/아니무스, 원형(archetype) 등 내면 구조를 인식.
- 반복적 꿈, 상징적 이미지, 전이-역전이 반응을 성찰.

4. 자기 작업 방법

- 내면 감각 관찰: 정서적 상태, 피로 수준, 감정 반응 점검
- 무의식과의 대화: 꿈, 상징, 전이-역전이 분석
- 심리적 균형 유지: 명상, 모래상자 작업, 슈퍼비전 활용

5. 목적과 효과

- 내담자의 안전과 치료 효과 극대화
- 치료사의 지속 가능한 임상 활동 가능
- 자신의 그림자를 통합하여 심리적 균형 확보

Ⅵ. 핵심문장

- "치료사가 자기 자신을 돌보지 않으면, 내담자의 고통 속에서 자신의 그림자를 만나게 된다."
- "무의식의 경고 신호는 피로나 회피, 반복적 감정 반응 등 미세한 형태로 나타난다."
- "자기 작업은 단순한 자기 보호가 아니라 치료의 질과 윤리를 지키는 핵심 과정이다."
- "그림자와 원형을 인식하고 무의식과 대화하며 심리적 균형을 유지하는 것이 치료사의 필수 과제이다."
- "치료사의 내면 통합 없이는 내담자의 이야기를 진정으로 듣는 것이 불가능하다."

Ⅶ. 자기점검 퀴즈

1. 치료사가 자기 성찰을 소홀히 했을 때 나타날 수 있는 무의식적 신호 2가지를 서술하고, 이를 방치할 경우 임상에서 어떤 위험이 발생할 수 있는지 설명하세요.

2. 치료사의 내면이 "필터"로 작동한다는 말의 의미를 설명하고, 이 필터가 정비되지 않았을 때 나타날 수 있는 임상적 문제를 구체적으로 기술하세요.

3. 치료사 자신의 작업(self-work)에 포함되는 세 가지 핵심 요소를 쓰고, 각각이 왜 윤리적 책임과 연결되는지 설명하세요.

Ⅷ. 정답 및 해설

1. **신호 예시**: (1) 내담자와의 관계에서 반복되는 감정 반응(예: 과도한 동일시나 거리두기), (2) 미세한 피로와 무의식적 회피(집중력 저하, 세션 중 감정 무딤).
   위험: 내담자의 경험이 왜곡되거나 부분적으로만 이해되고, 치료사의 그림자가 투사되어 치료적 관계가 훼손된다.
   해설: 치료사가 내면의 경고 신호를 무시하면, 단순한 스트레스가 아니라 윤리적 문제와 임상적 손상으로 이어질 수 있다.
2. **의미**: 내담자의 이야기와 감정은 치료사의 내적 세계(자아 ·그림자 ·원형 구조)를 통과해 수용된다. 즉, 치료사의 내면은 해석과 공감의 필터 역할을 한다.
   문제: 필터가 정비되지 않으면 내담자의 경험이 왜곡되거나 일부만 반영된다. 예: 내담자의 분노가 치료사의 개인적 상처와 충돌해 방어적 해석이나 거리두기로 이어짐.
   해설: 치료사의 자기 작업은 내담자 경험을 왜곡 없는 방식으로 경청 ·공감하기 위한 전제 조건이다.
3. **요소**: (1) 내면 감각 인식(자신의 정서 상태 ·피로 ·반응 패턴 관찰) (2) 무의식과의 대화(꿈 ·상징 ·전이 ·역전이 탐색) (3) 심리적 균형과 통합 방법 활용(명상, 모래상자 작업, 슈퍼비전).
   윤리적 책임과 연결: 자기 감각 인식은 내담자에게 불필요한 투사 ·감정 전이 방지.
   무의식과의 대화는 치료사의 그림자 자각으로, 내담자와의 관계 왜곡 예방.
   균형 ·통합 방법은 치료사의 심리적 지속 가능성을 확보하여, 내담자 안전을 보장.
   해설: 자기 작업은 단순 자기 보호가 아니라 치료 효과와 윤리의 기반이다.

연금술의 대작업 Magnum Opus Alchemiae

11장. 치료사 작업의 연금술 문

✱ 참여자 활동지

주제: 치료사 자신의 연금술 작업

✱ 활동지 – 치료사 자신의 Alchemy Track

이름: ______________ 날짜: ______________

1단계: 니그레도

- 나의 내적 경고신호:

____

- 그 신호가 전하는 감정 한 단어:

____

2단계: 알베도

- 나를 안정시키는 상황 · 환경:

____

- 나만의 작은 루틴:

____

3단계: 시트리니타스

- 나를 살아 있게 하는 치료 장면:

____

- 한 달 내 실천할 작은 변화:

____

4단계: 루베도

- 나의 핵심 가치 3가지: ① ________ ② ________ ③ ________

- 1년 후 나에게 보내는 편지:

____

제12장

모래상자치료사의 정체성과 윤리

"모래상자는 영혼이 자기를 형상화하고 구원하는 성배"

— 김경희

Ⅰ. 서론

모래를 활용한 심리치료 기법은 전 세계적으로 확산되며 다양한 명칭으로 사용되어 왔다. 그러나 "모래놀이치료(Sandplay Therapy)"와 "모래상자치료(Sandtray Therapy)"는 종종 혼용되며, 이로 인해 학문적 · 임상적 구분이 불분명해지는 문제가 발생한다. 칼프(Kalff, 2003, p. 5)는 모래놀이치료를 융 심리학(Jungian analysis)에 기반한 심층적 · 상징적 치료로 규정하며, 무의식적 이미지가 자율적으로 표출되는 과정을 강조한다. 반면, 호마이어와 스위니(Homeyer & Sweeney, 2017, p. 12)는 모래상자치료를 특정 이론에 국한되지 않고, 다양한 심리치료 이론을 융합하는 통합적 · 실용주의적 접근으로 설명한다. 또한 모래놀이치료에서 모래상자는 칼프의 모래놀이치료에서 강조한 무의식적 상징의 탐색과 연결되지만, 호마이어와 스위니(Homeyer & Sweeney)의 모래상자치료에서는 분석적 해석보다는 치료적 목표 달성을 위한 도구적 활용에 초점을 둔다.

한국적 모래상자치료는 두 접근의 연속성과 차이를 모두 흡수하면서, 고유한 정체성을 확립하였다. 특히, 연금술적 상징성, 인간중심적 태도, 존재의 강조라는 세 가지 철학적 기초 위에서 발전하였다. 이는 융(Jung)과 칼프(Kalff)의 상징적 세계 이해를 계승하면서도, 위니컷(Winnicott, 1965, p. 140)의 holding, 비온(Bion, 1970, p. 125)의 negative capability, 그리고 부버(Buber, 1958, p. 62)의 I-Thou 관계 개념과 깊이 공명한다. 따라서 한국 모래상자치료는 단순히 서구 이론을 수입한 것이 아니라, 이를 한국적 치료 맥락 속에서 실용적 · 관계적 · 존재론적 깊이를 갖춘 새로운 치료 전통으로 확장시켰다고 평가할 수 있다. 따라서 본 장을 통해 모래놀이치료, 모래상자치료 그리고 한국적 모래상자치료 등의 이론적 기반과 치료사 역할의 공통점과 차이점을 알아보고 한국적 모래상자치료의 독특성을 탐구하고자 한다. 이를 토대로 한국모래상자치료사의 정체성과 윤리를 설명한다.

Ⅱ. 핵심이론

1. 한국 모래상자치료와 서양 · 모래놀이치료의 비교 분석

모래를 활용한 심리치료는 전 세계적으로 다양한 형태로 발전해 왔으며, 대표적으로 모래놀이치료(Sandplay Therapy, Kalff), 서양 모래상자치료(Western Sandtray Therapy, Homeyer & Sweeney), 그리고 한국에서 발전한 한국 모래상자치료(Korean Sandtray Therapy, K-Sandtray Therapy)가 있다. 이 세 가지 접근은 모두 모래와 상징을 활용한다는 공통점을 가지지만, 기원, 이론적 기반, 치료 철학, 치료사 역할, 임상 적용, 문화적 적합성 등에서 차별화된 특징을 보인다.

1) 기원과 역사적 배경

모래놀이치료는 스위스의 도라 칼프(Dora Kalff)가 융(Jung)의 분석심리학을 기반으로 개발하였다(Kalff, 1980, p. 12). 칼프는 모래상자를 통해 내담자가 무의식의 원형(archetype)을 자유롭게 탐색할 수 있도록 설계하였으며, 치료사는 관찰자 역할을 수행하였다.

반면, 서양 모래상자치료는 미국과 유럽에서 실용주의적 · 통합적 모델로 발전하였다(Homeyer & Sweeney, 2017, p. 22). 인지행동적, 체계적, 발달적 관점을 선택적으로 결합하여 단기적 문제 해결 중심 치료와 장기적 심층 치료 모두에서 적용할 수 있도록 설계되었다.

한국 모래상자치료는 2000년대 이후, 모래놀이치료와 서양 모래상자치료를 기반으로 한국적 임상 환경과 문화적 특수성을 반영하여 발전하였다(Kim, 2005, p. 15; Kim & Lee, 2005, p. 36). 즉, 단순한 수용이 아니라 통합과 확장을 거친 독창적 모델이다.

2) 이론적 기반과 철학적 특성

모래놀이치료는 융의 분석심리학을 중심으로 하며, 내담자가 상징을 통해 무의식을 탐색하는 것을 핵심으로 한다(Kalff, 1980, p. 14). 자유로운 표현과 최소한의 치료사 개입이 강조된다.

서양 모래상자치료는 통합적·실용주의적 접근으로, 치료사가 개입하여 질문, 반영, 세션 구조화 등을 활용할 수 있다(Homeyer & Sweeney, 2017, p. 28). 치료의 목적은 문제 해결뿐만 아니라 심층적 분석에도 적용 가능하다.

한국 모래상자치료는 이 두 접근을 결합하면서, 한국적 문화적·관계 중심 철학을 통합하였다(Kim, 2005, p. 36; Kim & Lee, 2012, p. 48). 특히 연금술적 상징성을 기반으로 한 내적 변환, 인간중심적 존재로서 치료사 역할, 관계와 존재의 중요성을 강조한다. 이러한 철학적 정체성은 한국 모래상자치료의 가장 큰 독창적 특징이다.

3) 치료사 역할

모래놀이치료에서 치료사는 주로 관찰자로, 내담자의 상징적 표현을 존중하며 최소한 개입한다(Kalff, 1980, p. 15). 서양 모래상자치료에서는 치료사가 보다 적극적으로 개입하며, 질문이나 반영, 세션 구조화를 통해 내담자의 이해와 문제 해결을 돕는다(Homeyer & Sweeney, 2017, p. 30).

한국 모래상자치료에서는 치료사가 존재 중심적 동반자로 자리하며, 필요시 구조적 개입을 하되, 무엇보다 내담자의 존재와 경험을 안전하게 담아주는(containment) 역할을 강조한다(Kim, 2005, p. 38; Kim & Lee, 2012, p. 50).

4) 임상 적용과 문화적 적합성

모래놀이치료는 주로 아동과 청소년에게 적용되며, 심층적 분석과 무의식 탐색에 강점을 가진다(Kalff, 1980, p. 16). 서양 모래상자치료는 아동부터 성인, 가족 단위까지 폭넓게 적용 가능하며, 단기·장기, 문제 해결 중심·심층 분석 중심 치료 모두에서 활용된다(Homeyer & Sweeney, 2017, p. 32).

한국 모래상자치료는 이러한 폭넓은 적용성을 유지하면서, 한국 문화와 관계 중심적 맥락을 반영한다. 또한 아동·청소년·성인·가족 단위에서 인지적, 발달적 체계적 접근의 치료와 심층·분석적 치료 모두에 적용 가능하다(Kim, 2005, p. 40; Kim & Lee, 2005, p. 52).

결론적으로, 한국 모래상자치료는 모래놀이치료의 분석심리학적 깊이와 서양 모래상자치료의 실용적·통합적 특성을 결합하면서, 한국적 문화적·임상적 맥락과 존재 중심 철학을 통합한 독창적 치료 모델이다.

2. 한국모래상자치료의 철학적 정체성

K-모래상자치료는 단순히 서구에서 수입된 치료 기법이 아니라, 고유한 철학적 정체성을 지닌 독자적 접근으로 발전하였다. 이 정체성은 연금술적 상징성, 인간중심적 태도, 그리고 존재의 강조라는 세 가지 핵심 축을 중심으로 형성된다. 이러한 철학적 기반은 한국 모래상자치료가 치료 장면에서 어떻게 작동하며, 다른 접근과 구별되는지를 잘 보여준다.

1) 연금술적 상징성: 모래상자의 그릇과 상징적 변환

첫 번째는 연금술적 상징성이다. K-모래상자치료는 연금술적 관점에서 모래상자의 신비를 강조한다. K-모래상자치료에서 모래상자(sandtray) 자체는 단순한 도구가 아니라, 무의식적 경험을 담아내고 변환하는 상징적 그릇(vessel)으로 이해된다. 이는 연금술적 상징성과 깊은 관련을 맺는다. 연금술(alchemy)이 원재료를 변환시켜 새로운 본질로 거듭나게 하듯, 모래상자 안의 표현은 내담자의 파편화된 경험과 감정을 상징적으로 변환하여 새로운 의미를 탄생시킨다.

이러한 관점은 융(Jung)의 연금술 이해(Kalff, 2003)와 연결되며, 동시에 비온(Bion, 1962)의 containment 개념과도 맞닿는다. 즉, 모래상자는 내담자의 원초적 감정과 무의식적 경험을 담아내는 그릇이 되며, 치료사는 그 안에서 내담자의 혼란스러운 정서를 소화(digest)하고 재구성하는 역할을 수행한다.

2) 인간중심적 태도: Rogers와 Buber의 대화적 존재

K-모래상자치료의 두 번째 철학적 기반은 인간중심적 태도(human-centered attitude)이다. 이는 로저스(Rogers, 1951)의 인간중심치료에서 강조되는 무조건적 긍정적 존중, 공감적 이해, 진정성을 토대로 한다(김경희, 이희자, 2005). 모래상자 속에서 내담자가 만들어내는 세계는 평가나 지시가 아닌, 존중과 수용 속에서 인정된다.

더 나아가, K-모래상자치료는 부버(Buber, 1958)의 I-Thou 관계 개념을 적극적으로 반영한다. 치료사와 내담자는 도구적·기능적 만남(I-It)이 아니라, 존재 대 존재로서의 만남(I-Thou)을 경험한다. 이때 모래상자는 단순한 매개물이 아니라, 치료사와 내담자가 대화적 존재로 만나는 장(場)이 된다.

3) 존재의 강조: Winnicott의 Holding, Bion의 Negative Capability

세 번째 특징은 치료사의 '존재(presence)' 자체가 갖는 의미이다. 한국 모래상자치료에서 치료사는 단순한 기술적 개입자가 아니라, 내담자 곁에 존재하는 사람으로 자리한다. 이는 위니컷(Winnicott, 1965)의 holding environment 개념과 깊게 연결된다. 즉, 치료사는 내담자가 안전하게 자기 경험을 탐색할 수 있도록 심리적 그릇이 되어준다.

또한 비온(Bion, 1970)의 negative capability 개념—즉, 즉각적으로 해석하거나 지시하지 않고, 불확실성과 모호함을 견뎌내는 능력—은 한국 모래상자치료의 치료사가 지녀야 할 핵심 태도를 잘 보여준다. 내담자가 모래 속에서 공격성, 혼돈, 불안을 드러낼 때, 치료사는 그것을 조급하게 해결하려 하지 않고, 존재하며 함께 버텨내는 동반자로 기능한다.

이처럼 한국 모래상자치료의 철학적 정체성은 연금술적 상징성(상자의 그릇과 변환), 인간중심적 태도(Rogers와 Buber의 대화적 존재), 존재의 강조(Winnicott과 Bion의 개념)라는 세 가지 요소를 통해 확립된다. 이는 한국 모래상자치료가 단순한 기술이나 기법을 넘어, 심리치료 현장에서 철학적·존재론적 깊이를 갖춘 독창적 접근으로 자리매김하게 하는 중요한 토대라 할 수 있다.

3. 한국 모래상자치료(K-Sandtray Therapy: KST)와 서구 심리치료 전통의 대화

한국 모래상자치료는 고립된 한국적 창안물이 아니라, 서구 심리치료의 주요 전통과 깊은 대화를 통해 형성되었다. 특히 융(Jung)과 칼프(Kalff)의 분석심리학적 전통, 위니컷(Winnicott)과 비온(Bion), 부버(Buber)의 사유와의 공명을 바탕으로, 한국적 맥락에 맞는 변용 과정을 거쳐 독창적인 심리치료적 실천으로 발전하였다.

1) Jung, Kalff와의 연속성

한국 모래상자치료는 무엇보다 융(Jung)의 분석심리학과 칼프(Kalff)의 모래놀이치료(sandplay therapy)와 깊은 연속성을 가진다. 융은 무의식의 상징적 표현을 개성화 과정(individuation)의 핵심으로 보았으며, 칼프는 모래상자를 그 과정이 구체적으로 드러나는 자유롭고 보호된 공간(free and protected space)으로 규정하였다.

한국 모래상자치료 역시 이러한 사유를 계승하여, 모래상자를 무의식적 상징이 자연스럽게 드러나는 장(場)으로 존중한다. 다만, 칼프가 비교적 정통 분석심리학의 맥락 안에서 모래놀이치료를 전개한 것과 달리, 한국 모래상자치료는 분석적 기반을 유지하면서도 통합적 · 실용주의적 그리고 포스트모더니즘의 관계문화적 성격을 강조하는 방향으로 확장되었다.

2) Winnicott, Bion, Buber와의 공명

한국 모래상자치료의 또 다른 특징은 영국 대상관계학파와 대화철학 전통과의 공명이다.

- 위니컷(Winnicott)의 holding environment 개념은 모래상자 속에서 치료사가 제공하는 안전한 심리적 울타리와 직접적으로 연결된다. 한국 모래상자치료에서 치료사의 존재는 단순히 관찰자가 아니라, 내담자가 자기 경험을 담아낼 수 있는 심리적 공간을 만들어낸다.

- 비온(Bion)의 containment와 negative capability는 치료사가 내담자의 불안, 공격성, 혼돈을 서둘러 해석하거나 통제하지 않고, 존재로서 함께 감내하는 태도를 정당화한다.
- 부버(Buber)의 I-Thou 관계는 한국 모래상자치료에서 특히 강조되는 치료사와 내담자의 대화적 만남의 기반이 된다. 모래상자는 단순한 매개물이 아니라, 두 존재가 진정으로 마주하는 장이 된다.

이처럼 한국 모래상자치료는 융(Jung)-칼프(Kalff)의 분석적 기초를 유지하면서도, 위니컷(Winnicott), 비온(Bion), 부버(Buber)의 사유를 흡수하여 존재론적 · 관계론적 깊이를 더한다.

3) 한국적 심리치료 맥락에서의 변용

서구 심리치료 전통과의 대화 속에서 한국 모래상자치료는 단순한 모방을 넘어서, 한국적 심리치료 현장의 요구와 문화적 맥락 속에서 변용되었다.

- 첫째, 한국 심리치료 현장은 실용주의적 · 통합적 접근을 중시하는 경향이 강하다. 이는 특정 이론에 국한되지 않고, 아동 · 청소년 · 성인 · 가족 치료 상황에 맞추어 인지행동적 · 체계적 · 발달적 관점을 유연하게 결합할 수 있게 하였다.
- 둘째, 한국 사회 특유의 관계 중심 문화는 치료사가 단순한 기술자가 아니라 함께 존재하는 동반자로 자리매김하도록 만들었다. 이는 부버(Buber)와 위니컷(Winnicott), 비온(Bion)의 사유가 한국적 맥락에서 특히 강하게 공명할 수 있었던 이유이기도 하다.

이처럼 한국 모래상자치료는 서양의 모래놀이치료와 모래상자치료를 모두 흡수하면서, 고유한 정체성을 확립하였다. 특히, 연금술적 상징성, 인간중심적 태도, 존재의 강조라는 세 가지 철학적 기초 위에서 발전하였다. 이는 융(Jung)과 칼프(Kalff)의 상징적 세계 이해를 계승하면서도, 위니컷(Winnicott, 1965, p. 140)의 holding, 비온(Bion, 1970, p. 125)의 negative capability, 그리고 부버(Buber, 1958, p. 62)의 I-Thou 관계 개념과 깊이 공명한다.

따라서 한국 모래상자치료는 단순히 서구 이론을 수입한 것이 아니라, 이를 한국적 치료 맥락 속에서 실용적 · 관계적 · 존재론적 깊이를 갖춘 새로운 치료 전통으로 변환시켰다고 평가할 수 있다.

4. 한국모래상자치료의 임상적 적용(Clinical Implications)

한국 모래상자치료는 이론적 융합성과 임상적 유연성을 토대로, 다양한 치료 맥락에서 적용될 수 있는 잠재력을 가진다. 특히 심층 · 분석적 치료와 인지적, 발달적, 체계적 접근이라는 상반된 두 스펙트럼을 모두 포괄할 수 있다는 점에서 그 독창성이 드러난다.

1) 심층 · 분석적 치료에서의 활용

장기간에 걸친 심층치료에서는 모래상자치료가 무의식의 상징적 탐색과 자기의 통합 과정을 지원한다. 융(Jung, 1964/1989, p. 177)은 상징 작업(symbolic work)을 자기(Self)의 실현과 직결된 과정으로 보았고, 칼프(Kalff, 2003, p. 59)는 모래놀이치료에서 무의식의 상징이 안전한 공간 속에서 자연스럽게 드러날 수 있음을 강조하였다.

한국 모래상자치료 역시 이러한 전통을 이어받아, 연금술적 상징 변환, 위니컷(Winnicott, 1965, p. 140)의 holding, 비온(Bion, 1970, p. 125)의 containment, 그리고 부버(Buber, 1958, p. 62)의 I-Thou 관계와 같은 존재론적 · 관계적 차원을 임상적으로 구현한다.

예컨대, 내담자가 모래상자에서 반복적으로 혼돈적 · 파괴적 장면을 구성할 때, 치료사는 성급히 개입하기보다 "존재로서 함께 머무는 것"을 통해 내담자의 무의식적 정동을 담아낸다. 이는 단순히 문제 해결을 넘어, 내담자가 자기의 심층 구조와 만나는 경험으로 이어진다.

따라서 심층 · 분석적 맥락에서 모래상자치료는 개성화(individuation)와 정체성 재구성을 지지하는 중요한 방법론적 자산이 된다.

2) 인지적, 발달적, 체계적 치료에서의 활용

현대 임상현장에서는 아동 · 청소년의 학업 스트레스, 성인의 직장 내 불안, 가족 갈등 등 단기간 내 문제 해결을 요구하는 내담자가 많다. 이 경우, 모래상자치료는 상징적 재현을 통해 문제를 빠르게 외재화(externalization)하고, 내담자가 새로운 시각을 가질 수 있도록 돕는다.

예컨대, 호마이어와 스위니(Homeyer & Sweeney, 2017, p. 102)는 모래상자치료가 단기적 위기 개입 상황에서 효과적으로 활용될 수 있다고 강조한다. 내담자는 모래 속 장면 배치를 통해 갈등 상황을 "밖으로 꺼내어" 바라볼 수 있고, 치료사는 질문과 반영, 세션 구조화를 통해 대안을 탐색하도록 지지한다. 이는 인지적, 발달적, 체계적 접근을 가능하게 한다. 그러나 서양의 모래상자치료는 모래상자를 도구적으로 활용하면서 해결중심적 접근을 추구하고 있다는 점에서 한국의 모래상자치료와 구분된다.

결국, 한국 모래상자치료의 임상적 의의는 인지적, 발달적, 체계적, 문화적 접근의 현실적 요구와 심층 · 분석적 탐구의 심리적 요구를 모두 수용할 수 있는 이중적 유연성에 있다. 이는 현대 심리치료가 직면한 다양한 임상적 과제에 대응할 수 있는 독창적 잠재력으로 평가될 수 있다.

5. 한국모래상자치료의 정체성과 윤리

한국모래상자치료는 단순한 매체 활용의 기법이 아니라, 상징과 무의식을 통해 인간의 심리 변화를 촉진하는 깊은 심리치료 과정이다.

서양에서는 분석심리학적 모래놀이치료와 인지 · 행동 중심의 모래상자치료가 분리되어 발전해 왔다. 그러나 한국의 모래상자치료는 이러한 경계를 넘어서, 연금술적 상징 해석과 무의식 탐구를 중심에 두되, 인지심리 · 선택이론 · 의식적 자기조절 관계문화적 기법까지 통합하는 현대 심리치료 흐름의 정체성을 지니고 확장하면서 진화하였다.

이러한 통합적 정체성은, 내담자가 모래상자 속에서 경험하는 무질서와 재구성, 상징의 변화를 연금술적 여정으로 바라보며, 동시에 현실에서의 자기 선택과 행동 변화를 촉진한다. 이는 치료사의 역할을 단순한 '해석자'나 '기술 전달자'로 한정하지 않고, 상징 세계와 현실 세계를 잇는 다리로 확장시킨다.

또한, 한국모래상자치료사의 윤리는 단순한 비밀보장과 경계 유지에 머물지 않는다. 상징의 세계에 깊이 참여하는 만큼, 치료사는 자신의 그림자와 무의식을 지속적으로 성찰하며, 내담자의 내적 작업을 방해하지 않는 태도를 유지해야 한다. 치료사의 성장 없이는 내담자의 변화를 안전하게 지지할 수 없기 때문이다.

여기에서는 한국 모래상자치료의 정체성을 연금술적 접근 속에서 재정립하고, 그에 따른 윤리와 치료사의 내적 태도를 제시하며, 최종적으로 이를 담은 모래상자치료사 선언문으로 마무리하고자 한다.

1) 한국모래상자치료사의 정체성

한국모래상자치료사의 정체성은 단순히 특정 기법을 숙지하는 것에서 비롯되지 않는다. 그것은 연금술의 상징 세계와 현대 심리치료의 의식적 기법을 유기적으로 통합하여, 내담자의 무의식과 의식을 잇는 '변용의 장'을 창조하는 데서 형성된다(김경희, 2005).

한국의 모래상자치료는 연금술의 도가니와 모래상자를 대응하여 신비로운 변용의 과정을 받아들인다. 모래상자 안에서 연금술의 변용이 상징적으로 나타난다. 따라서 한국의 모래상자치료는 연금술적 변용 과정(니그레도-알베도-시트리니타스-루베도)과 인지심리 · 관계문화론적 접근으로 무의식의 의식적 통합을 치료목표로 하는 고유한 치료 정체성을 확립해 왔다(김경희, 2018, 2022, 2025).

이 통합적 정체성은 치료사가 무의식적 상징작업과 의식적 개입 사이에서 균형을 잡는 능력에 달려 있다.

연금술적 접근에서, 니그레도 단계는 혼돈과 붕괴를 상징하며 치료사 스스로도 내담자의 그림자와 마주할 준비가 필요하다(Jung, 1963, p. 210). 알베도 단계에서는 상징이 정화되고 새로운 통찰이 생겨나며, 치료사는 이를 지나치게 해석하기보다 '상징 공간'을 보호하는 태도를 유지해야 한다(Kalff, 1991, p.58). 시트리니타스와 루베도 단계에서는 창조와 통합이 이루어지며, 이 과정에서 치료사는 내담자와 함께 '새로운 의미'를 만들어 간다(김경희, 2022).

2) 모래상자치료사의 윤리

윤리적 측면에서, 모래상자치료사는 내담자의 상징 세계에 개입할 때 자신의 해석 욕구를 절제해야 하며 내담자의 무의식적 자료를 기록 · 저장·공유할 때 엄격한 비밀 보장 원칙을 준수해야 한다(김경희 외, 2018). 또한, 치료사는 자신의 내면 작업을 지속적으로 수행하여 소진과 투사로부터 치료 관계를 보호해야 하며, 이를 위해 정기적 슈퍼비전과 자기분석을 병행해야 한다(Jung, 1963, p. 242).

결국, 모래상자치료사의 정체성은 '기법의 사용자가 아니라 변환의 동반자'라는 자각에서 확립된다. 윤리적 실천과 자기 성장의 병행은 단순한 전문성 유지 차원을 넘어, 내담자의 무의식 여정을 안전하고 의미 있게 만드는 토대가 된다. 이 장에서의 정체성 확립은 선언문 작성이라는 구체적 행위로 마무리되며, 이는 치료사로서의 존재와 약속을 동시에 심화시키는 과정이다.

Ⅲ. 치료사의 성찰

1. 치료사의 정체성에 대한 성찰

모래상자치료사로서 나는 단순히 도구를 사용하는 치료사가 아니라, 무의식과 의식을 잇는 '중개자'이자, 내담자의 내면 여정을 안전하게 동행하는 안내자이다.

분석심리학의 상징 세계와 연금술적 변환 과정, 그리고 현대 심리치료의 의식적 접근을 통합하는 한국형 모래상자치료의 길은, 나에게 있어 치료의 기술을 넘어 존재의 태도를 형성하게 했다.

연금술의 니그레도에서 루베도에 이르는 상징적 여정은 내담자의 변화를 지원할 뿐 아니라, 나 자신의 내면 변화를 끊임없이 촉발한다. 나는 매 세션마다 내담자의 모래상자 속에 비친 나의 그림자를 발견하고, 이를 성찰하는 과정을 통해 '치유자이자 배우는 자'로 성장하고 있다.

2. 윤리에 대한 성찰

모래상자치료의 윤리는 '무의식을 존중하는 태도'에서 시작된다. 내담자의 상징을 서둘러 해석하거나 조작하려는 유혹을 경계하며, 그 상징이 스스로 말을 걸어올 때까지 기다리는 인내가 필요하다.

또한, 문화적 맥락과 개인의 삶의 서사를 존중하는 것은 단순한 예의가 아니라, 치료 과정의 핵심 안전장치다.

나는 세션 속에서 다음 원칙을 지키려 한다.

- 내담자의 작품과 이야기에 판단을 덧입히지 않는 것
- 변화의 속도를 내 의지가 아니라 내담자의 무의식 리듬에 맞추는 것
- 나의 전문적 역량을 끊임없이 갱신하고, 윤리적 경계를 명확히 하는 것

3. 치료사의 실천 다짐

- 나는 매 세션 전후로 자기 점검을 통해 감정적 투사와 소진을 예방한다.
- 나는 내담자의 모래상자를 '해석할 대상'이 아니라 함께 경험하는 공간으로 여긴다.
- 나는 연금술적 모래상자치료의 통합적 정체성을 지속적으로 탐구하며, 한국적 치료문화 안에서 이를 깊이 뿌리 내리게 한다.

IV. 요약노트

1. 한국형 모래상자치료의 정체성

- 분석심리학적 기반: 융의 분석심리학에 뿌리를 두고, 무의식 · 상징 · 자기(Self)의 발달 과정을 중시
- 연금술적 해석: 내담자의 작업을 '니그레도-알베도-시트리니타스-루베도'의 변환 과정으로 이해
- 통합적 기법: 인지심리 · 선택이론 · 현실치료 등의 의식적 접근을 병행하여 행동 변화 촉진
- 문화적 맥락 반영: 한국적 정서와 관계 중심 문화를 고려한 상징 해석과 개입

2. 연금술적 모래상자치료 여정

- 니그레도(흑화): 혼돈 · 붕괴 · 그림자와의 대면
- 알베도(백화): 정화 · 통찰 · 의식적 재구성
- 시트리니타스(황화): 창조성 · 자기 확장 · 지각
- 루베도(적화): 통합 · 조화 · 새로운 정체성 확립

  → 내담자와 치료사 모두 이 여정을 경험하며 성장

3. 모래상자치료사의 윤리 원칙

- 무의식에 대한 존중: 성급한 해석보다 상징이 스스로 변환되는 시간을 허용
- 자기 성찰의 지속성: 치료사의 그림자 인식과 자기작업 유지

- 경계와 안전 확보: 물리적 · 정서적 안전과 신뢰의 공간 창조
- 문화적 민감성: 상징 · 이야기를 해석할 때 문화적 맥락을 고려
- 성장 지향: 치료사의 학습 · 연구 · 자기발전의 지속

4. 정체성 확립의 의미

- 치료사는 상징의 안내자이자 현실의 동반자
- 모래상자 속에서 벌어지는 상징의 변화를 연금술적 변환으로 이해하며, 현실 속 선택과 변화를 촉진
- 치료사의 정체성은 단순한 기법 전달자가 아니라, 무의식과 의식의 통합을 돕는 연금술사로 확립

Ⅴ. 핵심문장

- 한국 모래상자치료는 연금술적 상징성 · 인간중심적 태도 · 존재의 강조를 축으로, Jung-Kalff 전통을 한국적 임상 맥락 속에서 통합 · 변용한 독자적 전통이다.
- 치료사는 기법의 사용자가 아니라, 무의식과 의식을 잇는 변용의 동반자이자 그릇(container)이다.
- 윤리는 규정 준수에 그치지 않고, 상징의 자율성 존중 · 해석의 절제 · 보존된 장(holding space) 유지에 대한 태도의 수련이다.
- 치료사의 자기 작업(self-work)과 정기적 슈퍼비전은 투사 · 전이의 왜곡을 줄이고, 내담자 안전을 지키는 전문적 · 윤리적 의무다.
- K-모래상자치료의 정체성은 니그레도 – 알베도 – 시트리니타스 – 루베도의 연금술적 여정과 현실적 행동변화를 동시에 설계 · 지지

하는 이중 역량이다.

- "좋은 종결"은 기술적 종료가 아니라, 변화를 의례화하고 서사로 봉인하게 돕는 윤리적 동행이다.

VI. 자기점검 퀴즈

1. 모래놀이치료(Sandplay) · 서양 모래상자치료(Sandtray) · 한국 모래상자치료(K-Sandtray)의 핵심 차이를 간단히 비교하고, 그 차이가 치료사의 정체성과 윤리에 주는 시사점을 서술하세요.

2. K-모래상자치료사의 윤리 핵심을 "상징의 자율성, 해석의 절제, 보존된 장(holding space)" 세 축으로 설명하고, 각 축마다 구체적 행동 기준 1가지씩 제시하세요.

3. 치료사의 자기 작업(self-work)과 정기적 슈퍼비전이 정체성과 윤리를 어떻게 구체적으로 지지하는지, 전이 · 역전이 상황을 예로 들어 설명하세요.

VII. 정답 및 해설

1. 비교 요점
   - Sandplay(Kalff): Jungian 심층 · 상징 중심, 최소 개입, 자유롭고 보호된 공간.
   - Sandtray(Homeyer & Sweeney): 통합 · 실용주의, 구조화 · 질문 · 반영 등 적극 개입 가능.
   - K-Sandtray: 두 전통의 통합+한국적 존재/관계 문화 반영(연금술적 변용, holding/negative capability, I-Thou).

정체성 · 윤리 시사점

- 해석 절제 + 보존된 장 유지(Sandplay의 존중)와 목표 · 구조의 책임 있는 제시(Sandtray의 실용성)를 상황에 맞게 균형.
- 문화 ·관계 맥락을 고려한 존재 중심 동반자 태도 → 성급한 의미 부여/과도한 개입을 경계.

요약: 상징의 자율성과 임상 목표 책임성을 함께 지키는 것이 K-모래상자치료사의 윤리.

2. **상징의 자율성**: 상징이 먼저 작용하고 나중에 해석되도록 시간 · 여백 보장.
   - 행동 기준: 회기 중 즉각적 의미 부여 자제, 반영 · 묘사 중심 언어 사용("여기서 손이 멈추셨네요").

   해석의 절제: 내담자 주체성 보존, 방어 재강화 방지.
   - 행동 기준: 가설형 질문만 사용("~처럼 느껴질 수도 있을까요?"), 단정적 해석 금지.

   보존된 장: 예측 가능한 리듬 · 안전 · 비밀보장으로 정서 온도를 안전 범위에 유지.
   - 행동 기준: 세션 구조 · 경계 · 기록 · 보안 일관성 유지, 과각성 시 그라운딩 제공.
3. **자기 작업**: 꿈 · 상징 · 정서 반응을 정기 점검 → 그림자 인식과 정서 조율로 내담자 경험 왜곡 최소화.

   슈퍼비전: 제3의 시각으로 전이/역전이 패턴을 식별, 개입 강도 · 속도 미세 조정.

   사례 예: 분노적 내담자 앞에서 치료사의 개인 상처가 촉발되어 과도한 경계 · 조기 해석 발생 → 자기 작업으로 몸 감각 · 감정 파형 인지, "지금 내 반응은 누구의 것인가?"를 점검.

   슈퍼비전에서 개입 언어 재설계(묘사 · 반영 중심), 세션 온도 재조율 계획 수립.

   결론: 자기 작업 + 슈퍼비전은 윤리(안전 · 존중 · 비밀 · 경계)와 정체성(변용의 동반자)을 실천 가능한 기술로 전환한다.

연금술의 대작업 Magnum Opus Alchemiae

12장. 모래상자치료사의 정체성과 윤리

✱ 참여자 활동지

주제: 모래상자치료사의 연금술 여정과 정체성 선언

[활동지 1] 나의 치료사 여정

1. 치료사로서의 시작은 언제였나요?

2. 전환점이 되었던 사건이나 경험은 무엇인가요?

3. 현재 나의 모습은?

4. 내가 가장 소중히 여기는 가치 3가지:

   ① ______________________________

   ② ______________________________

   ③ ______________________________

[활동지 2] 연금술적 여정 속 나의 위치

- 현재 나의 단계 (☑)
  - ☐ 니그레도(혼돈 · 그림자 대면)
  - ☐ 알베도(정화 · 통찰)
  - ☐ 시트리니타스(창조성 확장)
  - ☐ 루베도(통합 · 조화)

- 현재 단계에서 느끼는 감정: ______________________

- 이 단계에서의 과제: ______________________

- 다음 단계로 가기 위해 필요한 것: ______________________

[활동지 3] 나의 5가지 윤리 약속

1. ______________________

2. ______________________

3. ______________________

4. ______________________

5. ______________________

[활동지 4] 모래상자치료사 선언문

나는 모래상자치료사로서, 내담자의 상징과 무의식을 존중하며, 나 자신의 내적 성장을 게을리하지 않을 것을 선언한다.

나의 치료 여정과 윤리 약속은 다음과 같다.

(개인 서명)

< 모래상자치료사 선언문 >

나는 모래상자치료사로서,
내담자의 무의식과 상징 세계를 깊이 존중하며,
연금술적 변용의 여정을 함께 걷는다.
나는 기법 이전에 '존재로서의 만남'을 중시하며,
문화적 맥락과 개인의 이야기를 귀 기울여 듣는다.
나는 스스로의 그림자를 인식하고,
지속적인 자기 작업과 성찰을 통해 성장한다.
나는 내담자의 안전과 신뢰를 최우선으로 하며,
경계와 윤리를 지키고,
치유와 변화의 통합을 위해 헌신한다.
이 선언은 오늘의 다짐이자,
내일의 실천을 향한 나의 약속이다.

____년 __월 __일

모래상자치료사 __________ (서명)

부록

연금술의 대작업

Magnum Opus Alchemiae

지도자 단계별 대본

Instructor's step-by-step script

연금술의 대작업 Magnum Opus Alchemiae

1장. 모래상자치료의 연금술

✱ 지도자 단계별 대본 Instructor's step-by-step script

주제: 연금술의 Nigredo
활동 목적: 참여자가 자신의 치유와 성장의 길을 연금술의 변환 과정에 빗대어 성찰하도록 안내
활동 시간: 40~45분
준비물: 필기 도구, 크레파스, 종이, 모래상자와 미니어처

1단계: 도입 - 연금술의 불씨를 켜다 (5분)

▸ **지도자**

"연금술사들은 금속을 정제하여 금을 만들고자 했지만, 그 여정은 실제로는 자기 자신을 변환하는 길이었습니다. 오늘 우리는 그 길을 함께 걷는 연금술사가 되어, 나의 내면을 탐험하려 합니다. 지금 이 순간, 마음속에 불씨가 켜지는 것을 느껴보세요."

- 잠시 눈을 감고 3번 깊게 호흡
- 각 호흡에 따라 몸의 긴장을 풀고, 오늘 작업에 몰입할 준비

2단계: 질문 1 - '나는 왜 이 길을 걷고자 했는가?' (10분)

▸ **지도자**

"연금술은 명확한 목적 없이 시작되지 않습니다. 당신이 이 길에 들어선

이유, 혹은 부름을 느낀 순간을 떠올려 보세요. 그 순간의 색깔, 온도, 냄새, 감정을 기억해 보십시오."

- 참여자가 종이에 자유롭게 기록
- 모래상자나 상징 이미지를 사용해 시각적 표현도 가능
- 공유 선택: 원하면 짝과 또는 그룹에 간단히 나눔

3단계: 질문 2 – '내가 마주한 내면의 혼돈은 어떤 모습이었는가?' (10분)

▸ 지도자

"연금술의 시작은 '니그레도'—혼돈과 어둠의 상태입니다. 그 속에는 무너진 형태와 불확실함, 때로는 고통이 있습니다. 당신이 마주했던, 혹은 지금도 마주하고 있는 내면의 혼돈을 떠올려 보세요. 그것이 사람이라면 어떤 표정을 하고 있을까요? 자연물이라면 어떤 풍경일까요?"

- 혼돈을 색, 모양, 소리 등 감각 요소로 묘사
- 모래상자에 해당 이미지를 구성
- 기록 후, 자신만의 '혼돈의 상징'을 한 단어로 정리

4단계: 질문 3 – '지금의 나는 어떤 상징으로 표현될 수 있을까?' (10분)

▸ 지도자

"연금술의 불은 혼돈 속에서 새로운 질서를 만들어냅니다. 지금 이 순간의 나는 어떤 상징으로 표현될 수 있을까요? 그것은 동물, 사물, 식물, 혹은 빛깔일 수도 있습니다. 떠오르는 상징을 마음에 품고, 그것이 내게 전하는 메시지를 들어보세요."

- 참여자가 종이에 스케치하거나 단어로 기록
- 모래상자를 이용해 구현 가능
- 상징에 이름 붙이기: 'ㅇㅇ의 나'

5단계: 마무리 - 변환의 불을 이어 가다 (5~8분)

▸ 지도자

"연금술의 대작업은 한 번의 불길로 끝나지 않습니다. 오늘 발견한 나의 이유, 혼돈, 그리고 현재의 상징을 마음속에 새겨두고, 그것이 다음 여정의 길잡이가 되게 하십시오.

당신이 찾은 상징은 앞으로의 변환 과정을 비추는 등불이 될 것입니다."

- 참여자는 오늘 얻은 가장 중요한 한 문장을 기록
- 원하면 함께 낭독하거나 그룹 중앙에 붙여 공동 '변환의 벽'을 구성

Tip 지도 팁

- 처음 실습에 임하는 참가자들이 "잘해야 한다"는 불안을 가질 수 있습니다.
  → "이건 분석이 아니라 '경험'입니다."라는 말을 반복해서 안심시켜주세요.
- 해석하지 말고, 느낌, 경험, 내면 반응에 초점을 둡니다.
- 나눔 중 침묵이 길어질 경우, 무리하게 개입하지 말고 기다림을 지켜주세요.
- 상징 작업 후에는 반드시 짧게라도 통합 시간(느낌·메시지 나누기)을 가집니다.
- 가능하다면 세션 말미에 연금술의 다음 단계(Albedo, Citrinitas, Rubedo)에 대한 간략한 예고를 해 주면 여정감이 커집니다.

2장. 모래와 상징의 철학과 자연의 언어

✱ 지도자 단계별 대본 Instructor's step-by-step script

주제: 상징과 자연의 언어

1단계: 도입 - 핵심개념 요약하기

1) 활동 목적

- 이론 개념을 단순히 암기하는 것이 아니라, 참여자의 언어로 재해석
- 개념을 실천적, 체험적으로 연결하는 연습

2) 지도자

"지금부터 2장에서 등장한 핵심 개념을 자신의 말로 정리해보는 시간을 갖겠습니다".
"각 용어를 읽고, 이해한 방식으로 1~2문장 이내로 표현해 보세요".
"중요한 건 '정확한 정의'보다는 내가 이 개념을 어떻게 느꼈는가입니다."
* 개인 작성 7분 / 2인 페어 나눔 5분 / 전체 정리 5분

유의사항

- 페어 나눔 시: 서로 틀리거나 맞추는 것이 목적이 아님을 강조
- 정리 시간에 지도자는 각 개념에 대해 보충 설명 가능

2단계: 생각해 보기 - 사유 질문

1) 활동 목적

- 자기 경험과 상징 개념을 연결
- 모래와 자연의 상징성에 대한 직관적 사고 확장

2) 지도자

"이번에는 상징과 자연을 내 삶, 경험과 연결해보는 시간입니다."
"지금부터 제시된 질문 중에서 1~2개를 선택하여, 떠오르는 기억, 이미지, 감정을 적어보세요."
"글이 아니라 그림이나 단어의 나열도 괜찮습니다."
* 개인 사유 8분 / 소그룹 나눔 10분

유의사항

- 참여자의 감정 깊이에 따라 침묵이 길어질 수 있으므로, 분위기 안정 필요
- 나눔은 '정답 없음'을 재차 강조

3단계: 상징의 드로잉

1) 활동 목적

- 상징을 개념이 아닌 이미지로 체험
- 사원소 및 자연적 상징을 통해 개인 내면 탐색

2) 지도자

"이번에는 연금술의 세계처럼, 상징을 '그림'으로 표현해보겠습니다".
"주제를 하나 선택해 마음속 상징을 자유롭게 그려보세요.
완성 후엔 하단에 짧게 설명을 적어봅니다."
"'이 상징은 나에게 무엇을 말하고 있는가?'가 핵심입니다."
* 작업 10~12분 / 2인 나눔 또는 전시 10분

유의사항

미술적 완성도를 평가하는 활동이 아님을 분명히 고지
"색 대신 선으로만 표현해도 됩니다" 등 다양한 표현 방식을 허용

4단계: 연금술의 사원소와 나

1) 활동 목적

- 추상적인 사원소 이론을 개인 경험과 연결
- 자연철학과 심리작용을 대응시켜 보는 연습

2) 지도자

"연금술의 세계에는 네 가지 원소가 등장합니다.
불, 물, 공기, 흙. 이 원소들은 심리적 특성과도 연결됩니다."
"여러분의 삶에서 이 네 원소는 어떤 장면, 감정, 경험으로 떠오르나요?"
"한 칸씩 적어보며 스스로의 심리적 원소 지도를 만들어보세요."
* 개인 작성 7분 / 그룹 토론 10분

유의사항

- 한 원소에 집중되거나 빈칸이 있어도 괜찮음
- 나눔 시 서로 다른 해석과 연결을 존중하는 분위기 유지

5단계: 인용문 명상

1) 활동 목적

- 문장을 통한 상징적 감수성 자극
- 직관 기반의 자기 내면 접근

2) 지도자

"이번엔 인용문 명상입니다."
"조용히 문장을 한 번 소리 내어 읽고, 마음에 와닿는 단어를 표시해보세요."
"그리고 그 단어가 내게 말해주는 느낌을 간단히 적어봅니다."
(잠시 묵상 후)
"이 문장이 여러분에게 떠오르게 한 이미지, 감정, 단어를 함께 나눠볼까요?"
* 개인 묵상 5분 / 그룹 나눔 5~10분

유의사항

- 조용한 음악, 조명 조절로 분위기 조성 가능
- 명상적 분위기 유지를 위해 빠른 전환 피하기

6단계: 실습을 위한 준비

1) 활동 목적

이후 실습(상징 작업, 모래상자 작업, 사례 나눔 등)에 앞서 사전 정서적 준비 및 태도 조율

2) 지도자

"실습을 준비하며, 우리 각자의 상징 감수성과 자연에 대한 감각을 점검해 보는 질문입니다."
"지금 여러분의 내면이 상징을 어떻게 맞이할 준비가 되어 있는지, 가볍게 점검하는 시간입니다."
* 선택형 질문 나눔 10분 (자유로운 방식: 1:1, 그룹, 저널 등)

7단계: 나의 오늘의 한 줄 요약

1) 활동 목적

하루 활동을 통합하는 짧은 자기반영과 통찰의 말 남기기

2) 지도자

"오늘 우리가 만난 상징들, 자연의 언어들, 그리고 내 안의 느낌을 한 문장으로 남겨봅시다."

"문장으로 써도 좋고, 이미지나 감탄사 하나로도 좋습니다".

"중요한 건 '내가 오늘 무엇을 만났는가'입니다."

* 작성 3분 / 선택적 나눔 5분

3장. 무의식의 언어를 읽는 눈

✱ 지도자 단계별 대본 Instructor's step-by-step script

주제: 상징을 읽는 눈

참여자들이 상징을 '해석'의 대상이 아니라 '경험'의 언어로 접근하도록 돕고, 자신의 감수성과 무의식의 반응을 탐색하는 상징적 태도를 훈련

1단계: 상징의 울림 찾기 (활동지 1)

1) 활동 목적

참여자의 기억이나 꿈, 모래상자 작업에서 떠오른 인상 깊은 상징의 연상

2) 지도자

"우리 각자에게 오래도록 남아 있는 상징이 있습니다. 꿈에서 본 이미지, 작업 중 떠오른 장면, 어떤 물건이나 피규어, 우연히 마주친 장면일 수도 있습니다. 지금 마음속에 가장 인상 깊었던 상징 하나를 떠올려 보세요."

① 참여 질문

- 어떤 장면 혹은 이미지였나요?
- 그 상징은 왜 기억에 남았다고 생각하나요?

② 마무리 정리

"상징은 내면의 언어로, 의식 너머에서 우리에게 말을 겁니다. 지금 떠올린 상징은 당신의 내면이 건네는 언어일 수 있습니다."

2단계: 상징의 감응 쓰기

1) 활동 목적

상징의 의미가 아니라 '느낌', '감각', '움직임'에 초점을 맞춰 자기 반응을 글로 기록

2) 지도자

"지금 떠오른 상징을 머리로 해석하기보다, 몸과 감정으로 어떻게 반응하는지를 써봅시다. 느낌, 이미지, 색, 기억 등 마음을 따라 적어보세요."

① 참여 질문

- 그 상징을 떠올릴 때 몸에 어떤 반응이 일어나나요?
- 그 장면은 어떤 감정을 일으켰나요?
- 그것은 지금의 내 삶과 어떤 이야기를 나누고 있나요?

② 마무리 정리

"우리가 적은 것은 상징이 우리 안에서 '살아 움직인' 흔적입니다. 이 감응은 해석보다 깊은 통찰을 열 수 있습니다."

3단계: 상징과 나의 이야기 나누기

1) 활동 목적

작업한 상징의 감응을 나누고, 상징적 태도의 다양성을 이해

2) 지도자

"이제 조별로 나누어 각자의 상징 이야기와 감응을 공유해 봅시다. 해석보다 감정과 반응에 귀 기울여 주세요."

① 지도자 팁

- 3~4인 소그룹 나눔
- 경청 중심, 비판이나 해석 지양
- '이 상징은 나에게 ㅇㅇ하게 느껴졌다' 형식 권장

② 마무리 정리

"각자의 상징은 고유하며, 같은 상징이라도 각자 다르게 다가옵니다. 상징은 의미보다 '관계'입니다."

4단계: 해석의 유혹과 거리두기

1) 활동 목적

상징을 조급히 해석하려는 충동을 인식하고, 상징에 머무는 태도를 학습

2) 지도자

"치료사로서 우리는 종종 상징을 빨리 해석하고 싶어집니다. 그러나 해석은 때때로 상징의 살아있는 힘을 죽이기도 합니다. 그 유혹을 자각해보고, 해석을 내려놓는 경험을 해봅시다."

① 활동 방식

- 활동지 질문에 따라 간단히 써보고 짝과 나눔
- 예: "나는 언제 상징을 조급히 해석하려 했는가?"
- 해석 충동을 멈춘 경험을 떠올려 보게 함

② 마무리 정리

"상징은 서두르지 않아야 들려옵니다. 해석의 유혹을 내려놓을 때, 상징은 더 깊은 언어로 말을 걸기 시작합니다."

5단계: 상징과 머무는 연습

1) 활동 목적

'모른 채 머물기'의 상징적 태도를 실제로 체험해 보는 시간

2) 지도자

"이번에는 상징에 대해 어떤 의미도 붙이지 않고, 다만 그것과 함께 머물러 봅시다. 2분 동안 눈을 감고, 그 상징 이미지와 함께 조용히 있어 보세요."

① 활동 방식

명상음악 또는 침묵 속에서 2분간 이미지와 함께 머무르기
이후 짧은 느낌 나누기 (자유발언 또는 글쓰기)

② 마무리 정리

"이 연습은 단순하지만 매우 중요합니다. '모른 채 머물기'는 상징을 통해 무의식과 관계 맺는 첫걸음입니다."

③ 마무리 통합 질문 (전 활동 후)

- 오늘 떠올린 상징은 지금의 나와 어떤 이야기를 나누고 있습니까?
- 나는 지금 어떤 태도로 상징을 대하고 있습니까?
- 상징과 함께 머문 오늘의 경험은 내 임상에 어떤 영향을 줄 수 있을까요?

유의사항

- 해석보다 감응 중심으로 진행해 주세요.
- 참여자들이 '잘 해석해야 한다'는 부담을 느끼지 않도록 반복적으로 "느낌으로 받아들이는 것이 중요하다"고 강조하세요.
- 상징적 태도는 논리보다 관계성과 감수성에 기반함을 강조해주세요.
- 모른 채 머무는 힘을 치료적 태도의 중심으로 다뤄 주세요.

4장. 첫 세션의 본질과 치료사의 마음

주제: 치료사의 시작 세션과 니그레도

✱ 모래상자치료 세션 연습 개요

활동 목적

- 첫 세션 오프닝 멘트 · 태도 · 진행 흐름을 표준화
- 모래상자 작업 중 치료사의 언어 절제, 침묵 존중, 관찰 포인트를 체득
- 활동지를 활용해 사실 → 의미 → 가설 순으로 기록 · 성찰하는 습관을 형성
- Alchemy Track(니그레도)의 관점에서 혼돈을 지지하는 태도를 훈련

준비물

- 모래상자 1-2개, 기본 피규어 세트(사람/동물/자연/건축/신화)
- 타이머, 포스트잇/펜, 활동지 인쇄본(참여자 1인 1부)
- 환경점검 체크리스트, 사진 촬영 동의서(옵션)

✱ 지도자 단계별 대본 Instructor's step-by-step script

1단계: 오프닝 & 목표 제시 (5분)

▸ **지도자**: "여러분, 오늘은 첫 세션에서 치료사가 준비해야 할 언어 · 태도 · 기록을 훈련합니다.
특히 침묵을 지키는 용기, 평가 없는 반영, 사실 - 의미 - 가설 분리에 집중하겠습니다."

1. 세션 시작 대본 역할 연습 (10분)

- **구성**: 3인 1조(치료사/내담자/관찰자), 1라운드 5분 + 즉시 피드백 5분
- **치료사 시작 대본**(그대로 사용)

1) 치료실로 안내 (세션 시작 직전)

치료사: "어서 오세요. 오늘은 저와 함께 이 공간에서 시간을 보내게 될 거예요.
이곳에서는 편안하게, 있는 그대로의 자신으로 계시면 됩니다."

(내담자와 함께 천천히 치료실로 이동)

2) 치료실 소개 (입실 직후)

치료사: "이곳은 모래상자치료실이에요.
보시는 것처럼 모래상자와 다양한 작은 물건들이 준비되어 있습니다.
이 공간은 안전하고, 자유롭게 표현할 수 있는 곳이에요.
우리가 나누는 모든 이야기는 여기에서만 머물게 됩니다."

내담자: "네."

(치료사는 내담자의 표정을 살피며 편안함을 확인)

3) 모래상자 사용 안내 (모래상자 앞에서)

치료사: "이 모래상자는 마음속 세계를 표현하는 특별한 도구예요.
손으로 모래를 만져보거나, 모양을 만들거나, 물을 부어서 변화를 줄 수도 있습니다.
옆 선반에는 여러 가지 인형과 사물들이 있으니, 필요하면 자유롭게 꺼내서 쓰시면 됩니다."

내담자: "아, 네. 마음대로 써도 되는 거군요."

치료사: "네, 마음이 가는 대로 하시면 됩니다."

4) 모래상자 꾸미기 안내 (작업 시작 전)

치료사: "이 모래상자를 하나의 작은 세상이라고 생각하고, 마음이 가는 대로 꾸며보세요.
특별한 규칙이나 정답은 없어요.
그냥 손이 가는 대로, 눈에 띄는 대로, 마음속에 떠오르는 대로 놓아주시면 됩니다."

내담자: "네, 알겠습니다."
(내담자가 주변을 둘러보고 재료를 고르기 시작함)

5) 시작 멘트 (작업 시작 시점)

치료사: "그럼, 이제 시작해볼까요?
지금부터는 당신만의 세상을 만들어보는 시간이에요.
준비가 되면 천천히 시작해 주세요."
(내담자가 모래를 만지고 배치하기 시작하면, 치료사는 조용히 관찰하며 개입을 최소화)

관찰 포인트 카드(관찰자)

- 말 속도 · 톤(느림/안정), 평가어 사용 여부, 선택권 언어 사용 여부
- 설명 과잉/시범 제공 여부(금지)
- 안전감/비밀보장 명시 여부

2. 모래상자치료 세션 시작의 주의사항 (10분)

1) 언어와 태도

① 첫 인사와 안내는 부드럽고 느린 속도로 말합니다. (긴장 완화 효과)
② 평가하거나 해석하는 말투는 피하고, 중립적 · 수용적 태도를 유지합니다.
③ "좋아요", "잘하고 있어요"와 같은 성과 평가성 피드백보다, "그렇게 하셨군요", "그 모습이 눈에 들어오네요"처럼 관찰 기반 반영을 사용합니다.

2) 공간과 안전감

① 내담자가 들어오기 전에 모래상자와 재료 정리를 해 두어 시각적 혼란을 줄입니다.

② 첫 세션일 경우, 내담자가 치료실 구성을 스스로 둘러볼 시간을 줍니다.

③ 치료실과 모래상자가 비밀이 지켜지는 안전한 공간임을 명확히 전달합니다.

3) 모래상자 안내 시 주의점

① 사용하는 방법을 설명할 때 시범을 직접 보이지 않는 것이 좋습니다. (치료사의 시범이 '정답'처럼 보이는 것을 방지)

② "마음대로 하세요"라는 말 대신, "마음이 가는 대로 해보세요"처럼 부드러운 선택권 언어를 사용합니다.

③ 재료 선택 시 내담자가 오래 망설이면 재촉하지 말고 침묵 속 관찰을 유지합니다.

4) 작업 시작 전후 주의사항

① 작업을 시작한 이후에는 불필요한 대화나 질문을 자제합니다.

② 손의 움직임, 표정 변화, 시선 흐름, 호흡 패턴 등 비언어적 표현을 관찰합니다.

③ 내담자가 중간에 "이렇게 해도 되나요?"라고 묻더라도,
"네, 여기는 정답이 없는 공간이에요."처럼 자유를 재확인하는 답변을 합니다.

5) 개입 시점

① 작업 도중 해석을 시도하지 않습니다. (상징은 완성된 뒤 다루는 것이 원칙)

② 내담자가 작업을 멈추고 침묵할 때, 이를 불편한 침묵으로 보지 말고, 내면의 준비 과정으로 존중합니다.

③ 긴 침묵 후 불안이 높아지는 경우,
"그대로 계셔도 괜찮아요. 충분히 시간을 쓰셔도 돼요."처럼 안정감을 주는 언어를 사용합니다.

6) 첫 세션이라면

① 치료사가 공간과 방법을 안내한 뒤 관찰자적 역할을 유지합니다.
② 내담자가 작업을 마친 후, 바로 분석하지 말고, 작품에 대해 내담자가 먼저 이야기하도록 유도합니다.
③ 세션 종료 전, 다음 만남에 대한 기대와 안전감을 남깁니다.
예: "오늘 표현해 주신 세계를 다음 시간에도 함께 기억하고 이어가겠습니다."

핵심 요약

- **언어·태도**: 느린 속도, 평가 · 해석 자제, 관찰 기반 반영 ("그렇게 하셨군요")
- **공간·안전**: 정돈 · 소음 차단 · 비밀보장 명시
- **안내 주의**: 시범 금지, '마음대로'보다 '마음이 가는 대로'
- **작업 중**: 말 줄이기, 비언어 관찰(손속도 · 압력 · 호흡 · 표정), 정답 없음 재확인
- **개입 시점**: 해석은 완성 후, 침묵은 존중, 불안 상승 시 그라운딩 언어 ("모래를 한 줌 들어 손바닥에서 떨어뜨리는 감촉, 어땠는지 한 단어로요."
"왼쪽에서 오른쪽으로 모래를 천천히 쓸어 보며 소리를 들어볼까요?"
"지금 올려둔 피규어 가장 묵직하게 느껴지는 것 하나만 손으로 톡— 만져 보기.")

3. 치료사 체크리스트 미니 실습 (5분)

▸ **세션 직전 1분 점검**

- **자세·위치**: 대각선/옆, 열린 자세, 응시는 짧게
- **언어**: '관찰 - 반영' 위주, 평가어 금지
- **비언어**: 고갯짓 · 미소 · 호흡 동기화

- **침묵**: 내면 작업으로 간주
- **내면**: '뜻'보다 '과정', 개입 욕구 관찰
- **기록**: 선택 순서/배치/변환/표정 · 호흡 키워드 메모

모래상자 작업 시 치료사 체크리스트

— 세션 직전 1분 점검용 매뉴얼 —
참여자는 4장의 Tip2 참고

① 자세와 위치

- [ ] 내담자와 대각선 · 옆에 앉기 (정면 피하기)
- [ ] 열린 자세 유지 (팔짱 · 다리 꼬기 금지)
- [ ] 시선은 내담자와 작품 사이를 번갈아 보기 (응시 시간 짧게)

② 언어 사용

- [ ] 작업 중 불필요한 말 줄이기
- [ ] 질문 시 열린 · 관찰 중심 표현
  예: "이 재료를 선택하셨군요."
  예: "계속 이어가 보실래요?"
- [ ] "예쁘다, 잘한다" 등 평가성 언어 금지

③ 비언어적 태도

- [ ] 고개 끄덕임, 부드러운 미소, 호흡 동기화
- [ ] 내담자 멈출 때 같이 기다리기
- [ ] 손의 움직임 · 속도 · 압력 관찰

④ 침묵의 존중

- [ ] 침묵을 내면 작업의 과정으로 보기
- [ ] 표정 · 자세 · 호흡 변화를 기록

⑤ 내면적 태도

- [ ] 판단 보류: '뜻'보다 '과정'에 집중
- [ ] 도움 욕구가 개입 욕구로 변하지 않도록 자기 감정 인식
- [ ] 상징이 스스로 말하도록 공간 허락

⑥ 기록과 메모

- [ ] 재료 선택 순서 기록
- [ ] 배치 방식 · 변환 과정 기록
- [ ] 메모는 은근하게 진행 (감시 느낌 방지)

2단계: 모래상자 작업 중 치료사의 자세와 태도

1. 모래상자 작업 중 태도 실습(역할극) (20분)

▸ **지도자**:

- **상황**: 내담자가 조용히 모래만 만짐 / 반복적으로 피규어 꺼냈다 놓음 / 긴 침묵
- **치료사 권장 문장**
  - 관찰반영: "이 재료를 선택하셨군요."
  - 선택권: "계속 이어가 보실래요?"
  - 그라운딩(불안 시): "그대로 계셔도 괜찮습니다. 충분히 시간을 쓰셔도 돼요."
- **금지 문장**: "예쁘네요/잘했어요/그건 ~을 의미해요."(평가 · 해석)
  7분 진행 → 3분 피드백 × 2라운드(역할 교대)
- **피드백 기준**:
  침묵 지지(중단 · 재촉 여부), 비언어 지지, 설명 · 질문 과잉 여부, 속도 존중 여부

역할 실습 하나를 진행한 다음에 아래의 내용을 설명합니다.

1) 관찰자이자 치료사의 위치

① 조용히, 안정적으로 내담자의 옆이나 대각선 위치에 앉습니다. (정면은 압박감을 줄 수 있으니 피함)

② 몸은 열린 자세를 유지하고, 팔짱이나 다리 꼬기 같은 방어적 제스처를 하지 않습니다.

③ 눈은 내담자와 작품 모두를 번갈아 보되, 응시 시간은 길지 않게 유지합니다. (응시는 불필요한 압박을 줄 수 있음)

2) 언어의 절제

① 작업 중에는 불필요한 말을 줄입니다.

② 대화가 필요하다면, 작품의 흐름을 방해하지 않는 짧고 열린 질문만 사용합니다.

예: “이 재료를 선택하셨군요.” (관찰적 반영)

예: “계속 이어가 보실래요?” (선택권 부여)

* “예쁘다, 멋지다” 등 가치평가성 언어는 사용하지 않습니다.

3) 비언어적 공감

① 고개 끄덕임, 부드러운 미소, 호흡의 동기화 등을 통해 묵언의 지지를 표현합니다.

② 내담자가 잠시 멈출 때, 긴장하지 않고 같이 기다리는 태도를 유지합니다.

③ 재료 선택이나 배치 과정에서의 손의 움직임 · 속도 · 압력을 주의 깊게 관찰합니다.

(이것은 심리적 상태의 중요한 단서)

4) 침묵의 의미 존중

① 침묵을 ‘대화 단절’이 아닌 내면 작업의 한 과정으로 인식합니다.

② 침묵 속에서 내담자의 표정 · 자세 · 호흡 변화를 기록해 두면, 나중에 해석 과정에서 유용합니다.

5) 내면적 태도

① 판단을 보류하고, '무슨 뜻일까'보다 '무슨 일이 벌어지고 있는가'에 초점을 맞춥니다.

② 내담자가 상징을 통해 스스로 이야기를 만들어갈 수 있도록 공간을 허락합니다.

③ 치료사의 '도움 욕구'가 개입 욕구로 변하지 않도록, 자기 감정의 미세한 변화를 인식합니다.

6) 기록과 기억

① 세션 중 주요 관찰 포인트(재료 선택 순서, 배치 방식, 변환 과정, 손의 움직임, 표정 변화)를 간단한 키워드로 메모합니다.

② 단, 메모가 내담자에게 '감시당하는 느낌'을 주지 않도록, 은근하고 조용하게 진행합니다.

3단계: 모래상자 세션 마무리 스크립트 (훈련용)

1. 마무리 신호 주기 (세션 종료 3~5분 전)

치료사: "이제 세션이 얼마 남지 않았어요.
마무리하고 싶은 부분이 있다면 조금씩 준비해 주세요."

2. 작품 존중과 안전감 부여

치료사: "오늘 이 공간에서 표현하신 것들이 모두 안전하게 여기에 남아 있습니다.
이 작품은 당신만의 특별한 세계예요.
그대로 두거나 사진으로 남길 수 있고, 다음에 이어서 하실 수도 있습니다."

3. 감정 전환 돕기

(내담자가 강한 감정 상태일 경우)

"밖으로 나가기 전에 잠깐 호흡을 가다듬고 가실까요?"

(함께 깊게 숨 들이마시고 내쉬는 시간을 2~3회 진행)

4. 다음 세션 연결

치료사: "다음 시간에도 오늘의 이야기와 연결해서 이어갈 수 있습니다.
오늘 만들어 주신 장면이 어떻게 이어질지 저도 궁금합니다."

5. 세션 종료 안내

치료사: "그럼 오늘 세션은 여기까지 하겠습니다.
이제 천천히 자리에서 일어나셔도 됩니다."

6. 작품 및 자료 정리 절차

1) 모래와 재료 정리

- 재료를 원위치, 모래 표면을 가볍게 정돈
- 필요한 경우 손 씻기 안내

2) 기록·성찰 활동지 작성

- **지시:** "해석보다 묘사를 먼저. 의미는 내담자 언어가 우선.
가설은 가설로 표기(확정 금지)."
- **팀과 나눔:** 서로의 기록을 보고 사실/의미/가설 분리 여부 체크
- **사진 기록 시:** 내담자 동의 후 촬영 (기록은 비밀보장 규정에 따라 보관)
- 세션 후 5분 이내에 관찰 내용과 내담자 반응 기록
- 오늘 작업에서 두드러진 상징, 감정, 행동 메모

Tip

- 마무리 멘트는 차분하고 낮은 톤으로, 서두르지 않고 말합니다.
- 마지막 멘트에서는 분석·해석 없이 작품과 내담자의 경험을 있는 그대로 존중합니다.
- 감정이 격하거나 불안정한 내담자라면, "밖에 나가기 전에 잠깐 호흡을 가다듬을까요?"처럼 전환 시간을 마련해 주면 좋습니다.

1분 개인 연습 → 2-3명 공개 시연 → 즉시 피드백

4단계: 수련생 마음가짐 훈련 스크립트

지금부터는 활동지를 활용해 스스로를 점검하고, 함께 성찰하는 시간을 가지겠습니다.

활동지 첫 장(기록 양식)을 준비해 주세요.

1. 모래상자 기록 양식 시뮬레이션 (10분)

▸ **지도자:**
"오늘의 실습 세션을 기억하면서 기록해 보겠습니다. 또는 실제 세션을 기록한다고 상상해 보겠습니다. 최근 떠올랐던 사례나, 가상의 내담자를 설정해도 좋습니다.
활동지 1의 [모래상자 작품 개요]와 [상징적 요소] 부분을 채워보세요."

▸ **참여자 활동**
작품 제목, 주요 상징, 작업 흐름을 기록.

▸ **지도자:**
"여기서 중요한 것은 '내 해석'이 아니라, 내담자가 직접 언급한 의미와

과정입니다. 초보 치료사는 특히 해석보다 '묘사'를 우선하는 것이 안전합니다."

2. 치료사 성찰 기록 (15분)

▸ **지도자:**
"이제 세션을 진행하는 나의 마음을 돌아보겠습니다.
활동지 2의 [세션 전 · 중 · 후 성찰 질문]을 천천히 읽고, 한두 문장으로 답해 보세요."

▸ **참여자 활동**
세션 전 마음가짐, 세션 중 태도, 세션 후 반성 작성.

▸ **지도자:**
"오늘 나는 어떤 마음가짐으로 임했나요?"
"내 안에서 일어난 감정은 무엇이었나요?"
"내 언어가 내담자에게 어떤 영향을 주었을까요?"

▸ **지도자:**
"자신의 불안과 긴장도 함께 기록하는 것이 중요합니다.
왜냐하면, 치료사의 긴장이 해석 욕구나 개입 욕구로 나타나기 때문입니다."

3. 환경 안전 점검 (5분)

▸ **지도자:**
"이번에는 치료실 환경을 점검해 보겠습니다.
활동지 3의 [환경 안전 점검 체크리스트]를 보며,
여러분이 실제 사용하는 치료실을 떠올리고 체크해 보세요."

▸ **참여자 활동**

조명 · 소음 · 상징물 배치 · 비밀보장 항목 점검.

▸ **지도자:**

"치료실은 단순한 공간이 아니라 내담자가 '마음을 펼치는 그릇'입니다. 작은 소음, 차가운 조명 하나가 내담자의 세계를 닫아버릴 수도 있습니다."

4. Alchemy Track 연결 (15분)

▸ **지도자:**

"이제 연금술적 관점에서, 첫 세션을 니그레도(Nigredo)의 단계로 보겠습니다.
니그레도는 혼돈, 주저함, 불안을 상징합니다.
내담자가 처음 모래상자 앞에 앉았을 때 나타나는 혼돈의 신호를 어떻게 지켜볼 것인지,
활동지 마지막의 [Alchemy Track 성찰 질문]에 답해 보겠습니다."

▸ **참여자 활동**

세션 전 · 중 · 후의 마음가짐과 개입 전략 기록.

▸ **지도자:**

"오늘 나는 어떤 마음으로 이 자리에 들어섰나요?"
"내담자의 혼돈 속에서 나는 얼마나 '침묵의 동반자'가 될 수 있었나요?"
"다음 세션을 위해 나는 무엇을 다짐하나요?"

▸ **지도자:**

"니그레도의 혼돈은 피해야 할 것이 아니라, 새로운 질서가 태어나기 전 반드시 거쳐야 할 단계입니다.
치료사의 인내와 기다림이 바로 불씨를 지켜내는 힘입니다."

5. 마무리 & 통합 대화 (10분)

▸ **지도자**:

"오늘 우리는 기록, 성찰, 환경 점검, Alchemy Track 성찰까지 진행했습니다.

이제 마지막으로, 오늘의 배움과 다짐을 한 문장으로 정리해 보겠습니다."

▸ **참여자 활동**

"오늘 내가 얻은 가장 중요한 통찰은 ___이다." 한 문장으로 작성.

▸ **지도자**:

"여러분이 적은 한 문장은, 앞으로 세션에 들어가기 전 '작은 기도'처럼 사용할 수 있습니다.

이것이 곧 여러분의 내적 루베도, 붉은 빛을 향한 준비가 될 것입니다."

5장. 모래상자치료실의 공간과 피규어의 상징

✱ 지도자 단계별 대본 Instructor's step-by-step script

워크숍 1. 주제: 공간 구성과 피규어의 상징적 의미

1단계: 치료실 환경 점검 안내 (10분)

1) **목적**: 치료 공간의 중요성을 인지시키고 내담자 관점에서 경험
2) **지도자**:

"치료실은 내담자가 안전함과 편안함을 느끼는 공간입니다. 여러분이 경험했던 치료실 환경에서 가장 좋았던 점과 아쉬웠던 점을 생각해 보세요."

"내담자가 심리적 안정감을 느끼도록 어떤 환경적 요소가 필요한지 함께 이야기해 봅시다."

2단계: 피규어 군집별 탐색 활동 (15분)

1) **목적**: 각 군집의 피규어를 직접 보고, 선택하며 상징적 의미에 대해 탐색
2) **지도자**:

"모래상자치료에서 피규어는 중요한 상징입니다. 군집별로 나누어진 피규어를 살펴보시고, 어떤 피규어가 가장 관심이 가는지, 그 이유를 적어보세요."

"이 과정에서 자신의 내면과 관련된 상징을 직관적으로 선택할 수 있도록 격려하세요."

3단계: 대표 피규어 상징 의미 이해 및 토론 (20분)

1) **목적**: 주요 피규어의 상징 의미를 학습하고, 개인적 연결점을 탐색
2) **지도자**:
   "사람 인형, 동물, 나무, 성, 신화적 인물 등 대표적인 피규어가 무엇을 상징하는지 함께 살펴봅니다."
   "각자 한 가지 피규어를 선택해 그 상징이 자신의 내면과 어떻게 연결되는지 생각해 보고, 그룹 내에서 나누어 봅시다."

4단계: 피규어 진열과 선택 경험 나누기 (15분)

1) **목적**: 진열과 선택 과정에서의 실천적 감각을 키우고, 내담자 시점을 이해
2) **지도자**:
   "여러분이 직접 피규어를 진열한다면 어떤 기준과 순서로 배열할지 적어 보세요."
   "내담자가 상징물을 고를 때 어떤 점을 중요하게 생각할지 서로 이야기를 나눠봅시다."

5단계: 치료사의 성찰과 전체 마무리 (10분)

1) **목적**: 활동 전반에 대한 개인적 성찰과 앞으로의 실천 계획을 다짐
2) **지도자**:
   "오늘 활동을 통해 공간과 상징물이 치료에 어떤 영향을 미치는지 새롭게 알게 된 점은 무엇인가요?"
   "앞으로 임상에서 치료 공간과 피규어를 어떻게 활용할지 구체적인 계획을 세워봅시다."
   "여러분의 생각을 자유롭게 나누며 마무리하겠습니다."

워크숍 2. 주제: Alchemy Track: 치료실과 피규어의 연금술적 장

✱ 지도자 단계별 대본 Instructor's step-by-step script

1단계: 도입 (5분)

▸ **지도자:**

"여러분, 오늘은 우리 치료실과 피규어가 어떤 의미를 지니는지를 연금술적 상징을 통해 살펴보겠습니다.
연금술에서 도가니가 원질료를 담아 변화시키는 그릇이었다면, 우리에게는 치료실이 바로 그 도가니입니다.
이제 각 상징이 치료실에서 어떻게 작동하는지 탐구해봅시다."

2단계: 표 살펴보기 (10분)

▸ **지도자:**

"활동지에 제시된 표를 보시면, 도가니, 네 가지 원소, 원질료, 상징, 그리고 연금술사에 해당하는 부분이 있습니다.
하나씩 읽어보면서 임상적으로 어떤 의미가 있는지 확인해봅시다."
(→ 참여자들에게 차례로 읽게 하거나, 지도자가 핵심 설명을 추가)

3단계: 자기 성찰 기록하기 (15분)

▸ **지도자:**

"이제 '치료사의 성찰 기록' 칸을 채워봅시다.
각 상징을 보면서, 내 치료실과 임상 경험 속에서 떠오르는 생각을 적어보세요.
예를 들어 '내 치료실은 안전한 그릇인가?'라는 질문에 솔직하게 답해보시고, 부족하거나 보완할 점도 함께 기록해주시면 좋습니다."
(잠시 기록 시간을 줌)

4단계: 소그룹 나눔 (10분)

▸ **지도자:**

“지금 작성한 내용을 바탕으로, 옆 사람과 짝을 지어 1~2가지를 나누어 보겠습니다.
나의 강점과 보완할 점 중 하나씩 공유해보세요.
상대방의 이야기를 들을 때는 평가하지 말고 경청하는 것이 중요합니다.”

5단계: 전체 공유 및 정리 (10분)

▸ **지도자:**

“이제 소그룹에서 나눈 내용을 전체와 함께 나눠주실 분이 계신가요?
여러분이 적은 기록을 보면, 치료실과 피규어는 단순한 장식물이 아니라 ‘연금술의 도가니’라는 것을 알 수 있습니다.
우리가 피규어를 제공하고 공간을 지켜주는 것은 단순한 세팅이 아니라, 내담자가 자기 변환을 경험할 수 있는 상징적 그릇을 마련하는 일입니다.”

6단계: 마무리 질문 (5분)

▸ **지도자:**

“마지막으로, 오늘 활동에서 깨달은 점을 한 문장으로 정리해보세요.
예를 들어 ‘나는 치료실을 도가니로 지켜내야 한다’ 또는 ‘내 피규어는 내담자의 무의식을 담는 언어다’와 같이 적어보실 수 있습니다.”

(→ 기록 후 함께 마무리 인사)

6장. 모래상자치료 세션의 실제와 상징의 흐름

워크숍 1. 주제: 임상 세션 실습

✱ 지도자 단계별 대본 Instructor's step-by-step script

1단계: 오프닝 & 분위기 형성 (약 5분)

1) **목적**: 참가자들이 심리적 안전감을 느끼고 주제에 몰입
2) **지도자**

“여러분, 오늘은 모래상자치료 세션의 실제 진행 과정을 직접 체험해 보는 시간을 갖겠습니다.
모래상자는 단순한 놀이가 아니라, 우리 무의식과 의식을 이어주는 상징의 무대입니다.
오늘 워크숍에서는 치료사와 내담자의 입장을 번갈아 체험하며, 상징적 만남이 어떻게 이루어지는지 직접 경험하실 겁니다.”

2단계: 세션 개요 설명 (약 5분)

1) **목적**: 4단계 세션 구조와 치료사의 태도를 이해
2) **지도자**

“모래상자 세션은 네 단계로 진행됩니다.
준비 → 표현 → 통합 → 종결.
준비 단계에서는 내담자가 안전하게 작업할 수 있는 분위기를 만들고, 표현 단계에서는 상징적 장면을 구성합니다.
통합 단계에서 상징과 현실을 연결하고, 종결 단계에서 경험을 안전하게 마무리합니다.”

3단계: 시연 (약 15분)

1) **목적**: 참가자들이 실제 대화 예시와 진행 방식을 관찰
(지도자 또는 시연 조교 2명: 치료사 역할과 내담자 역할)
2) **지도자** (시연용)

① 준비 단계

치료사: "오늘은 마음속 풍경을 모래 위에 표현해 보겠습니다. 자유롭게 소품을 선택해 주세요."

내담자: "이 나무와 작은 집을 놓고 싶어요."

치료사: "좋습니다. 그 배치를 해보시고 어떤 느낌이 드는지 지켜봅시다."

② 표현 단계

내담자: "집 주변이 비어 있어서 외로워 보여요."

치료사: "그 외로움이 지금 삶의 어떤 부분과 닮아 있을까요?"

③ 통합 단계

내담자: "요즘 직장에서 혼자 남겨진 느낌이 있어요."

치료사: "그 감정을 이렇게 시각화하니 어떤 점이 새롭게 보이나요?"

④ 종결 단계

치료사: "오늘 작업에서 느낀 점을 간단히 말해 주실 수 있나요?"

내담자: "외로움 속에서도 따뜻함을 찾을 수 있다는 걸 알았어요."

4단계: 참여자 실습 (약 30분)

1) **목적**: 참가자가 직접 치료사/내담자 역할을 경험
2) **지도자**

"2인 1조로 나누어 한 명은 치료사, 한 명은 내담자가 됩니다.
10분씩 역할을 바꿔가며 2회 진행해 주세요.

치료사 역할을 맡은 분은 질문보다 관찰과 반영에 집중하고, 내담자는 자신의 현재 마음을 상징적으로 표현해 주세요."

5단계: 전체 공유 & 피드백 (약 15분)

1) **목적**: 경험한 감정, 통찰, 어려움을 나눔
2) **지도자**

"각 조에서 어떤 장면이 만들어졌는지, 어떤 감정이 오갔는지 짧게 나누어 봅시다.
치료사 역할을 할 때 가장 어려웠던 점은 무엇이었나요?
내담자 역할을 하면서 어떤 순간에 안전감을 느꼈나요?"

6단계: 마무리 & 자기 점검 (약 5분)

1) **목적**: 오늘 배운 내용을 정리하고 현장 적용을 다짐
2) **지도자**

"오늘 경험한 4단계 세션 구조를 실제 현장에서 어떻게 적용할 수 있을지 각자 적어 보겠습니다.
마지막으로, '내가 다음 세션에서 더 의식할 부분은 무엇인가?'를 한 문장으로 기록해 주세요."

워크숍 2. 주제: Alchemy Track Nigredo

Ⅰ. 워크숍 개요

항목	내용
목적	니그레도 단계의 상징과 심리적 의미를 경험적으로 이해하고, 혼돈·해체의 과정을 안전하게 탐색
대상	심리상담·모래상자치료 훈련생, 심리적 변환 과정 연구자
소요 시간	120분
구성	도입(20분) → 체험활동(60분) → 공유·통합(40분)
주요 도구	모래상자, 어두운 색 모래, 상징 피규어(파손된 구조물·메마른 나무·동굴·검은 천 등), 저음 음악, 활동지
핵심 주제	- 심리적 '죽음'과 해체의 수용 - 무의식의 어둠 속에 머무는 경험 - 상징을 통한 자기 통찰 촉진

✱ 지도자 단계별 대본 Instructor's step-by-step script

1단계: 도입 (20분)

▸ **지도자:**

"오늘은 연금술 여정의 첫 단계, 니그레도를 탐험합니다. 이 단계는 어둠, 혼돈, 그리고 기존 질서의 해체를 상징합니다. 심리적으로는 익숙한 자아 구조가 붕괴하고, 새로운 변환의 씨앗이 심어지는 시기이죠. 여러분은 오늘, 이 어둠 속에 들어가 머무는 체험을 하게 될 것입니다."

▸ **활동 안내**

- 짧은 안내 명상 (3분) — 폐허 · 겨울 · 깊은 동굴 속을 걷는 이미지 제시
- 모래상자 및 재료 소개

2단계: 체험활동 (60분)

1) 혼돈 속으로 (15분)

▸ **지도자:**

"눈을 감고 지금 떠오르는 감정 · 이미지를 느껴보세요. 재료를 고를 때 이유를 설명하지 않아도 됩니다. 단지 이 순간 당신에게 끌리는 것을 선택하세요."

▸ **참여자 활동:** 상징물 선택 후 모래상자에 배치 시작

2) 해체의 장면 만들기 (20분)

▸ **지도자:**

"니그레도는 파괴와 해체의 이미지가 중심입니다. 기존 질서가 무너지고, 남는 것은 파편과 어둠뿐일 수 있습니다. 이 장면을 자유롭게 표현하세요."

▸ **참여자 활동:** 구조물 허물기, 묻기, 가리기, 공간 비우기 등 자유 표현

3) 장면과 머물기 (10분)

▸ **지도자:**

"지금 완성된 장면 앞에 앉아, 어떤 감각과 생각이 드는지 조용히 지켜봅니다. 바꾸거나 수리하려는 충동이 올라오면, 그 마음도 함께 바라봅니다."

▸ **참여자 활동:** 조용한 관찰과 내적 기록

4) 상징 기록 (15분)

▸ **지도자:**

"이 장면의 상징, 색감, 배치에서 떠오르는 느낌을 활동지에 기록하세요. 단어 · 그림 · 짧은 문장 모두 가능합니다."

3단계: 공유 · 통합 (40분)

1) 나눔 (20분)

▸ **지도자:**

"누구나 원한다면 자신의 장면을 보여주고, 느낀 것을 한두 문장 나눌 수 있습니다. 우리는 해석하지 않고, 경청합니다."

2) 니그레도 성찰 (10분)

▸ **지도자:**

니그레도의 신화 · 연금술 상징 설명, 심리적 해체 과정이 변화의 필수적 전제임을 강조

4단계: 마무리 (10분)

▸ **지도자:**

"오늘의 장면은 끝이 아니라 시작입니다. 씨앗이 어둠 속에서 썩는 시간처럼, 우리의 심리적 여정도 어둠을 통과하며 변화의 토대를 마련합니다."

유의사항

- 2인 1조(치료사-내담자), 3인 1조(치료사-내담자-관찰자)로 활동 가능함
- 피규어 선택 시 참여자 간에 차이가 있을 수 있다. 미리 공지하여 워크숍이 진행되는 과정에서는 지시하지 않음
- 침묵과 감정의 알아차림에 초점이 있다는 점을 미리 공지

7장. 투사 · 전이 관계의 연금술

✱ 지도자 단계별 대본 Instructor's step-by-step script

주제: 투사 · 전이의 관찰과 해석

1. 목적

- 투사 · 전이의 실제 사례 관찰
- 대화 장면 속 무의식적 상호작용 분석
- 연금술적 변환 단계로 해석하는 훈련

2. 활동 단계

1) 도입 (5분)

▸ **지도자:**

"오늘은 실제 임상 사례를 토대로, 내담자가 투사와 전이를 통해 자신의 내면을 어떻게 드러내는지 살펴보겠습니다. 그리고 이를 치료사가 어떻게 다루고 해석하는지, 연금술적 심리 변환 단계와 연결해 보겠습니다."

2) 사례 제시 (10분)

▸ **지도자:** (프린트된 사례를 읽어줌)

"먼저 이 장면을 들어보세요. 내담자가 치료사를 향해 '한심하게 생각할 것'이라고 말합니다. 여기서 우리는 무엇을 보고 있나요?"

3) 그룹 토론 (15분) - 관찰기록 작성

질문 1: "이 대화 속에서 투사는 어떻게 나타나고 있나요?"
질문 2: "전이의 패턴은 어떤 과거 경험에서 비롯되었을까요?"
질문 3: "모래상자 속 상징물 배치와 대화 내용을 연결해 보세요."
* 지도자 메모: 토론 중 '판단'보다 '관찰과 이해' 중심으로 유도.

4) 연금술적 해석 훈련 (15분) - 연금술 단계분석 작성

▸ **지도자:**

"이 장면을 연금술적 단계에 따라 구분해 보겠습니다. Nigredo, Albedo, Citrinitas, Rubedo 중 어느 단계에 속한다고 보시나요?"

① 예상 답변: 초기 불신과 그림자 드러남 → Nigredo
② 지도자 보충: "여기서 치료사의 역할은 방어 대신 안전한 그릇을 유지하는 것입니다."

5) 실습 롤 플레이 (20분) - 치료사의 성찰 작성

- 역할: 치료사 1명, 내담자 1명, 관찰자 나머지
- 과제:

① 내담자는 사례 대화를 기반으로 감정을 표현
② 치료사는 방어 없이 반응하며 공감적으로 질문
③ 관찰자는 투사·전이·상징 요소 기록

▸ **지도자:**

"실습 후에는 관찰자가 본 투사와 전이의 흐름을 공유하세요."

6) 마무리 (5분)

▸ **지도자:**

"투사와 전이는 치료 관계 속에서 반드시 나타나는 현상입니다. 중요한 것은 그것을 '해석'하기보다, 먼저 안전하게 담아내고, 내담자가 새로운 경험을 할 수 있는 장을 만드는 것입니다."

✱ 워크숍을 위한 임상 사례 박스: 투사와 전이의 장면

1. 사례 배경

- 내담자: 35세 여성, 대인관계 불안으로 내원
- 세션 시점: 초기 3회기
- 주요 주제: 치료사에 대한 불신감, 인정 욕구

2. 대화 장면

내담자: "선생님도 결국 제 이야기를 듣고 속으로는 저를 한심하게 생각하시죠?"

치료사: "당신은 제가 속으로 어떤 생각을 하고 있다고 느끼시나요?"

내담자: "어릴 때 부모님이 항상 저를 그렇게 봤어요. 아무리 잘하려고 해도 만족하지 않으셨어요. 선생님도 그럴 것 같아요."
(내담자는 모래상자에서 인형들을 모래 가장자리로 몰아넣고, 가운데는 비워 둔다.)

3. 치료사 관찰 포인트

① 투사: '한심하게 볼 것이다'라는 감정은 과거 부모 경험에서 비롯되어, 치료사에게 전가됨.

② 전이: 부모-자녀 관계의 패턴이 치료사와의 관계 속에서 재현됨.

③ 상징 관찰: 모래상자 중앙의 '빈 공간'은 인정받지 못한 자기 중심의 공허감을 표현할 가능성 있음.

4. 연금술적 해석

① Nigredo (흑화): 내담자는 과거 상처와 그림자를 치료사에게 투사, 혼돈과 불신이 드러남.

② 치료사 역할: 방어하지 않고 공감적으로 경청하며, 안전한 탐색 공간을 유지.

③ 다음 단계 목표: 내담자가 치료사와의 관계에서 '새로운 경험'을 하며 정화(Albedo) 단계로 이동하도록 돕기.

5. 치료사 개입 예시

"부모님이 그렇게 느끼게 하셨던 경험이 선생님과의 관계에도 그대로 스며드는 것 같군요. 여기서는 그 마음을 판단 없이 함께 들여다볼 수 있으면 좋겠습니다."

6. 학습 포인트

① 투사와 전이는 '문제가 있는 반응'이 아니라, 내담자의 무의식이 치유의 장으로 불러온 자료

② 초기에는 의미 해석보다 안전감 제공이 우선

③ 상징과 관계적 메시지를 함께 관찰하면 변환 과정의 위치를 더 명확히 파악 가능

8장. 임상 실습의 경험과 통합

✱ 지도자 단계별 대본 Instructor's step-by-step script

주제: 임상 실습의 실제

1단계: 도입 (10분)

1) **목표:** 워크숍 목표 안내, 명상적 도입
2) **지도자**
   - ▸ **지도자:** "안녕하세요. 오늘 워크숍의 목표는 임상 실습에서 상징과 무의식을 다루는 경험을 체험하며, 내적 반응을 관찰하는 것입니다. 각자 편안하게 앉아 눈을 감고, 최근 상담 경험이나 떠오르는 감정을 잠시 떠올려 보세요."

     (1분 명상 후)
   - ▸ **지도자:** "이제 눈을 뜨고, 오늘 실습에서 '내담자 역할'과 '치료사 역할'을 번갈아 수행하며 상징 작업을 경험해 볼 것입니다."

2단계: 내담자 상징 선택과 배치 (15분) - 기록용지 작성

1) **목표:** 모래상자에서 내적 경험 표현
2) **지도자**

   "이제 모래상자와 피규어, 자연물, 건축물 등 다양한 상징물을 선택하세요. 내담자 역할에서는 내면의 장면이나 감정을 모래 위에 자유롭게 배치합니다."
3) **참가자 질문 예상 대응**
   - ▸ **참가자:** "어떤 상징물을 선택해야 할지 모르겠어요."
   - ▸ **지도자:** "현재 떠오르는 감정, 갈등, 기억을 먼저 떠올리세요. 그것을 나타낼 수 있는 피규어나 자연물을 선택하면 됩니다. 직관적으로 선택해

도 좋습니다."

4) **지도자**

"치료사 역할을 맡은 분들은 내담자가 배치한 장면을 관찰하세요. 판단하지 않고, 투사나 전이를 주의 깊게 지켜보는 것이 핵심입니다."

5) **실습 예시**

- 내담자가 작은 성을 중앙에 배치 → '보호막, 안전의 욕구'
- 내담자가 물웅덩이를 배치 → '감정적 혼돈, 불안'
- 치료사는 관찰하며 기록

3단계: 투사 · 전이 관찰 (20분)

1) **목표:** 투사와 전이 인식, 역전이 자각

2) **지도자**

▸ **지도자:** "이제 각자 관찰자로서 내담자의 배치에서 나타나는 투사나 전이를 주목해보세요."

▸ **지도자 안내 멘트 예시**

- "내담자가 특정 피규어를 반복적으로 강조하면, 어떤 내적 갈등이 드러나는지 생각해보세요."
- "치료사 내 마음에 어떤 감정이 생기는지, 혹시 과거 경험이 떠오르는지도 관찰하세요. 이것이 역전이입니다."

▸ **지도자:** "짝과 함께 서로 관찰한 투사와 전이, 역전이 반응을 공유하며 토론합니다."

4단계: 통합과 피드백 (20분)

1) **목표:** 상징 해석과 내적 반응 분석, 니그레도 단계 안전 수용

2) **지도자**

▸ **지도자:** "각자의 관찰과 느낀 점을 그룹에 공유하세요. 어떤 상징이 투사와 전이를 보여주었는지, 그리고 여러분의 내적 반응은 어땠는지 이야기해봅니다."

▸ **지도자 예시 질문**

- "오늘 내담자가 표현한 혼돈이나 그림자는 무엇이었나요?"
- "그 혼돈을 관찰할 때 내 내적 반응은 어땠나요?"
- "니그레도 단계에서 혼돈과 그림자를 안전하게 다루었다고 느낀 순간은 언제인가요?"

5단계: 자기성찰 (15분)

1) **목표:** 개인 성찰, 기록, 임상 적용 점검
2) **지도자**

▸ **지도자:** "워크숍의 마지막으로 오늘 경험을 성찰하며 기록해봅니다. 아래 질문을 참고하세요."

▸ **지도자 예시 안내 질문**

- 오늘 내담자의 상징에서 가장 인상적이었던 표현은 무엇인가요?
- 투사와 전이를 관찰하며 느낀 점은 무엇인가요?
- 내 역전이 반응을 자각한 순간은 언제였나요?
- 니그레도 단계의 혼돈과 그림자를 안전하게 다룬 경험은 무엇인가요?
- 이번 실습을 통해 임상 실천에서 적용할 점은 무엇인가요?

9장. 연금술 여정의 자기 인식과 통찰

✱ 지도자 단계별 대본 Instructor's step-by-step script

주제: 연금술적 상징을 통한 자기 인식과 임상 통찰

목표: 지도자가 워크숍 현장에서 바로 읽으며 진행할 수 있도록, 참가자와의 대화를 포함한 형식으로 구성
각 단계는 Alchemy Track에 맞춰 진행

✱ Track 1 – Nigredo (어둠 속의 눈뜨기)

▸ **지도자:**

"여러분, 오늘은 우리가 알고 있는 해석의 안전지대를 내려놓는 순간입니다.
지금부터 최근 사례 속에서 가장 강하게 떠오른 '상징 하나'를 떠올려 주세요.
설명하려 하지 말고, 그 이미지를 그냥 바라봅니다."

▸ **참여자 활동:**

"그 상징을 볼 때, 어떤 감정이나 신체 반응이 느껴졌나요?"
"이 반응을 그냥 적어두세요. 해석은 나중에 합니다."

✱ Track 2 – Albedo (의미의 빛 찾기)

▸ **지도자:**

"이제 상징이 드러내는 의미의 빛을 찾아봅시다.
여러분이 떠올린 이미지를 개인적 경험, 내담자의 맥락, 그리고 문화적 상징성의 세 층위에서 바라보세요."

▸ **참여자 활동:**

"이 상징이 개인적으로 나와 어떤 연결이 있나요?"
"내담자에게 어떤 맥락에서 나타났나요?"

"문화적 · 집단 무의식 속에서는 이 상징이 어떤 의미를 가질까요?"

✱ Track 3 – Citrinitas (자기와의 조우)

▸ **지도자:**

"이제 상징이 내 무의식에 불러오는 반응을 탐색할 시간입니다.
이 반응은 치료사로서 나의 어떤 부분을 비춰주고 있나요?"

▸ **참여자 활동:**

"이 상징이 나의 어떤 그림자, 혹은 잠재성을 드러내고 있나요?"
"내가 불편하거나 매혹된 이유는 무엇일까요?"

✱ Track 4 – Rubedo (통합의 불빛)

▸ **지도자:**

"이제 이 상징과 나의 반응을 내담자의 변화 과정과 연결합니다.
상담자의 자기 인식이 깊어질 때, 내담자의 변화도 깊어진다는 것을 기억하세요."

▸ **참여자 활동:**

"이 상징과 나의 반응을 임상 장면에서 어떻게 활용할 수 있을까요?"
"어떤 새로운 질문을 내담자에게 던질 수 있을까요?"

✱ Track 5 – Philosopher's Garden (새로운 창조)

▸ **지도자:**

"마지막 단계입니다. 오늘 경험한 상징 작업을 토대로, 향후 임상에서 적용할 새로운 실험 아이디어나 접근 방식을 설계해 봅시다."

▸ **참여자 활동:**

"앞으로의 상담에서 어떤 새로운 태도나 방법을 시도해 보겠습니까?"
"오늘의 상징을 활용한 후속 작업 계획을 적어보세요."

✱ 지도자용 진행 체크리스트

단계	시간	체크 포인트
시작	5분	참가자 안내, 분위기 조성, 기록 도구 제공
Track 1 - Nigredo	10분	상징 선정, 즉각 반응 기록, 해석 금지 강조
Track 2 - Albedo	15분	세 층위 분석 유도, 질문 순서 유지
Track 3 - Citrinitas	10분	자기 반응 심화 탐구, 그림자·잠재성 언급
Track 4 - Rubedo	10분	임상 적용 아이디어 도출, 연결 질문 던지기
Track 5 - Garden	10분	창조 계획 구체화, 후속 실천 약속
마무리	5분	참가자 소감 나눔, 기록물 회수·보관 안내

10장. 루베도의 통합과 종결의 상징

✱ 지도자 단계별 대본 Instructor's step-by-step script

주제: 루베도의 종결 설계
진행 시간: 90분
목표: 루베도 단계의 상징 이해, 종결 설계 경험, 자기서사 통합

1단계: 오프닝 (10분)

▸ **지도자:**
"오늘 우리는 치료 여정의 마지막 단계인 루베도에 대해 다룹니다. 붉은 빛은 완성, 열정, 그리고 새로운 시작을 상징합니다. 오늘 워크숍에서 여러분은 스스로의 '루베도 순간'을 찾고, 그것을 상징과 이야기로 표현하게 될 것입니다."

2단계: 루베도의 상징 탐구 (15분)

▸ **지도자:**
"먼저, 여러분이 생각하는 붉은색은 어떤 느낌인가요? 자유롭게 떠오르는 단어를 적어보세요. 그리고 치료 과정에서 '완성에 가까웠던 순간'을 떠올려 봅시다."

▸ **질문-실습-저널링**
(참여자 기록 시간 5분 → 2~3명 나눔)

3단계: 종결 설계 전략 실습 (20분)

▸ 지도자:

"종결은 단순히 끝이 아니라, 통합의식입니다. 네 가지 전략 중 하나를 선택해 오늘 실행 계획을 세워봅시다. 그리고 옆 사람과 3분씩 나누어보세요."

▸ 질문-실습-저널링

(짝 토의 후 전체 공유)

4단계: 내적 통합 선언문 작성 (15분)

▸ 지도자:

"이제 '루베도 선언문'을 작성해봅시다. 이것은 앞으로의 자기실현을 향한 약속입니다. 한 문장으로 표현하세요."

▸ 질문-실습-저널링

(작성 후 원하는 사람은 발표)

5단계: 다음 장 시나리오 (15분)

▸ 지도자:

"이제 삶의 다음 장을 설계할 차례입니다. 첫 장면을 짧게 써보세요. 그 장면에서의 나는 어떤 모습인가요?"

▸ 질문-실습-저널링

(작성 → 1~2명 발표)

6단계: 마무리 및 상징 봉인 (15분)

▸ 지도자:

"마지막으로, 오늘 떠오른 상징과 문장을 마음에 봉인합니다. 종결은 끝이 아니라 새로운 출발입니다. 오늘 만든 상징을 삶 속에서 자주 떠올리세요."

11장. 치료사 작업의 연금술 문

✱ 지도자 단계별 대본 Instructor's step-by-step script

주제: 치료사 자신의 연금술
목적: 그룹/워크숍에서 치료사 자기 작업을 단계별로 경험하도록 안내
대상: 상담 · 치료사, 슈퍼바이저, 심리학 훈련생
진행 시간: 4단계 120분

1단계: 니그레도 (흑화)

▸ 지도자

"지금 이 순간, 여러분이 치료사로서 가장 지치거나 무기력했던 기억을 떠올려 주세요. 그것은 내담자 때문이 아니라, '내 안'에서 일어난 변화일 수도 있습니다."

"그 시기에 나타났던 신체적 · 정서적 신호를 하나씩 떠올리며 적어봅니다. 예: 피로, 회피, 자기비난 등"

"이 신호들은 위험이 아니라, 변화가 필요하다는 내면의 경고음입니다."

▸ 참여 활동

- 활동지 1-1: "나의 내적 경고신호" 목록 작성
- 활동지 1-2: 신호와 연결된 '내면 감정'을 한 단어로 표현하기

2단계: 알베도 (백화)

▸ 지도자

"니그레도의 혼란 속에서, 우리는 조금씩 명료함을 찾습니다. 여러분은 언제 감정이 가라앉고, 사고가 또렷해지는 순간을 경험하나요?"

"그 순간을 가능하게 한 '조건'이나 '환경'을 적어봅니다."

"정화의 단계는 완벽해지는 것이 아니라, '내가 다시 숨 쉴 수 있는 여유'를 찾는 것입니다."

▸ **참여 활동**

- 활동지 2-1: 감정이 안정되는 상황·행동·사람 목록 작성
- 활동지 2-2: 안정감을 유지하기 위한 '나만의 작은 루틴' 구상

3단계: 시트리니타스 (황화)

▸ **지도자**

"이제 여러분은 다시 창의성과 영감을 느끼기 시작합니다. 치료사로서 '이 일을 계속하는 이유'를 떠올려 보세요."

"새로운 시도를 해보고 싶은 순간이 있나요? 그것이 아주 작더라도 좋습니다."

"황화의 단계는 자기 의미와 전문성을 새롭게 재발견하는 시기입니다."

▸ **참여 활동**

- 활동지 3-1: 치료사로서 나를 '살아 있게 하는' 순간 기록
- 활동지 3-2: 앞으로 한 달 안에 시도할 작은 전문적 변화 계획

4단계: 루베도 (적화)

▸ **지도자**

"마지막 단계는 통합입니다. 혼란, 정화, 재발견을 거쳐, 내면과 외부 세계가 조화를 이루는 시점입니다."

"지금 나는 어떤 가치와 방향성을 가지고 이 일을 하고 있는가?"

"루베도는 완성의 끝이 아니라, 다음 순환의 출발점입니다."

▸ **참여 활동**

- 활동지 4-1: 나의 핵심 가치 3가지 작성
- 활동지 4-2: 1년 후의 나에게 보내는 짧은 편지 작성 (비전·의도 포함)

12장. 모래상자치료사의 정체성과 윤리

✱ 지도자 단계별 대본 Instructor's step-by-step script

주제: 모래상자치료사의 연금술 여정과 정체성 선언

1단계: 오리엔테이션 (10분)

▸ 지도자

"여러분, 오늘 우리는 '모래상자치료사'로서의 정체성을 깊이 탐구하고, 이를 선언하는 시간을 갖습니다.

모래상자치료는 기법이 아니라, '연금술적 여정'과 '의식적 접근'을 통합하는 독창적 치료 방식입니다.

오늘 워크숍은 세 단계로 진행됩니다.

첫째, 나의 치료사로서의 경험과 가치 탐색,

둘째, 연금술적 여정 속 나의 위치 확인,

셋째, 윤리와 정체성을 담은 선언문 작성입니다."

2단계: 나의 치료사 여정 돌아보기 (15분)

▸ 지도자

"지금부터 치료사로서 걸어온 나의 여정을 떠올려 보겠습니다.
여러분의 시작점, 전환점, 어려움, 그리고 현재의 모습까지 간단히 기록하세요.

이 과정에서 '내가 치료사로서 가장 소중하게 여기는 가치' 세 가지를 찾습니다."

▸ **참여 활동**
- 개인 작성 (활동지 1번)
- 2~3인 짝 나눔 (5분)

3단계: 연금술적 여정 속 나의 위치 (20분)

▸ **지도자**

"모래상자치료의 연금술적 변환 단계는 니그레도(혼돈) → 알베도(정화) → 시트리니타스(창조) → 루베도(통합)입니다.

지금 나의 치료사 정체성은 어느 단계에 있는지 생각해 보세요.
한 단계만 선택해도 좋고, 두 단계 이상이 섞여 있어도 괜찮습니다.
중요한 것은 '현재 위치'와 '다음 단계'를 인식하는 것입니다."

▸ **참여 활동**
- 활동지에 현재 단계 표시 (활동지 2번)
- 각 단계별 느낌, 상징, 과제 적기
- 그룹 나눔 (5분)

4단계: 윤리와 나의 실천 선언 (20분)

▸ **지도자**

"모래상자치료의 윤리는 단순한 규칙이 아니라, 내담자의 무의식을 존중하며 치료사의 내적 성장을 지속하는 약속입니다.
오늘은 여러분이 지키고 싶은 '나만의 5가지 윤리 약속'을 만들어 보겠습니다.

이 약속은 잠시 후 '치료사 선언문'에 담깁니다."

▸ **참여 활동**
- 윤리 약속 5개 작성 (활동지 3번)
- 작성한 윤리 약속을 짝과 교환하여 피드백

5단계: 선언문 낭독과 마무리 (15분)

▸ 지도자

"이제 각자의 선언문을 완성하고, 원하시는 분은 앞에서 낭독해 주세요. 선언문은 오늘 이후에도 여러분의 치료사로서의 나침반이 될 것입니다."

▸ 참여 활동

- 선언문 작성 (활동지 4번)
- 개별 낭독 또는 조별 공유
- 공동 사진 촬영 (선택)

참고문헌

Abraham, L. (1998). *A Dictionary of Alchemical Imagery*. Cambridge, UK, and NY.

Aristotle. (1984). *The complete works of Aristotle: The revised Oxford translation* (J. Barnes, Ed.). Princeton, NJ: Princeton University Press.

Bachelard, G. (1938/2007). 『불의 정신분석』 (김병욱, 역). 파주: 이학사.

Bachelard, G. (1942/2020). 『물과 꿈: 물질적 상상력에 관한 에세이』 (김병욱, 역). 파주: 이학사.

Bachelard, G. (1943/2007). 『몽상의 시학』 (김용관, 역). 서울: 동문선.

Bachelard, G. (1957/2003). 『공간의 시학』 (곽광수, 역). 서울: 동문선.

Bachelard, G. (1982/1982). 『대지와 의지의 몽상』 (민희식, 역). 서울: 삼성출판사.

Barnett, J. E., & Johnson, W. B. (2008). Ethical and professional issues in psychotherapy supervision. *American Journal of Psychotherapy, 62*(2), 131-150.

Bernoulli, R. (1985). *Spiritual Development as Reflected in Alchemy and Related disciplines; from Spiritual disciplines;* Papers from the Eranos Yearbooks, edited by Joseph Campbell. N.Y.

Bion, W. R. (1962). *Learning from experience*. London: Heinemann.

Bion, W. R. (1967). *Notes on memory and desire*. London: Heinemann.

Bion, W. R. (1970). *Attention and interpretation*. London: Tavistock.

Bollas, C. (1987). *The shadow of the object: Psychoanalysis of the unthought known.* New York, NY: Columbia University Press.

Bradway, K. (1991). The first sandplay session. *Journal of Sandplay Therapy, 1*(1), 15-28.

Bradway, K. (1997). Stages of the sandplay process. *Journal of Sandplay Therapy, 6*(1), 3-15.

Bradway, K., & McCoard, J. (1997). *Sandplay: Silent workshop of the psyche.* Routledge.

Buber, M. (1970/1996). *I and thou*. New York, NY: Touchstone.

Campbell, J. (1964). *The masks of God: Occidental mythology*. New York: Viking Press.

Corey, G., Corey, M. S., & Callanan, P. (2015). *Issues and ethics in the helping professions*. Belmont, CA: Cengage Learning.

Dieckmann, H. (1991). Transference and training analysis. *Journal of Analytical Psychology, 36*(4), 409-422.

Edinger, E. F. (1994). *Anatomy of the psyche: Alchemical symbolism in psychotherapy*. Open Court.

Edinger, E. F. (1996). *The Mysterium lectures: An exploration of the soul's journey through the alchemical process*. Inner City Books.

Eliade, M. (1957/1991). *The sacred and the profane: The nature of religion*. San Diego, CA: Harcourt.

Eliade, M. (1959/2005). *Rites and symbols of initiation*. Putnam, CT: Spring Publications.

Eliade, M. (1978). *The forge and the crucible: The origins and structures of alchemy*. University of Chicago Press.

Estés, C. P. (1992). *Women who run with the wolves: Myths and stories of the wild woman archetype*. Ballantine Books.

Estés, C. P. (1995). The role of initiation in therapeutic training. *Spring: A Journal of Archetype and Culture, 57*, 145-160.

Farber, B. A. (2003). Patient-therapist boundary issues: An integrative review. *Journal of Clinical Psychology, 59*(5), 589-600.

Farber, B. A. (2006). *Self-disclosure in psychotherapy*. New York, NY: Guilford Press.

Fitzgerald, E. H., & McKinney J.P.(1970). *Developmental Psychology*. The dorsey press.

Fontana, D. (1993). *A Visual Key to Dreams and Their Meanings*. Duncan Baird Publishers.

Fontana, D. (2010/2010). 『상징의 비밀』 (공민희, 역). Duncan baird Publishers.

Fordham, M. (1953). *New developments in analytical psychology*. London: Routledge.

Fordham, M. (1974). Notes on the transference. *Journal of Analytical Psychology, 19*(3), 196-211.

Freud, S. (1912/1958). The dynamics of transference. *Standard Edition of the Complete Psychological Works of Sigmund Freud* (Vol. 12). London: Hogarth Press.

Freud, S. (1953-1974). *The standard edition of the complete psychological works of Sigmund Freud* (J. Strachey, Trans. & Ed.). London: Hogarth Press.

Heidegger, M. (1962). *Being and time* (J. Macquarrie & E. Robinson, Trans.). New

York: Harper & Row. (Original work published 1927)

Heimann, P. (1950). On counter-transference. *International Journal of Psycho-Analysis, 31*, 81-84.

Henderson, J. L., & Dyane, N. S. (2003). *Transformation of the Psyche the Symbolic Alchemy of the Splendor* Solis. NY http://en.wikipedia.org/wiki/Ouroboros

Hillman, J. (1975). *Re-visioning psychology*. New York, NY: Harper & Row.

Hillman, J. (1979). *The dream and the underworld*. New York, NY: Harper & Row.

Homeyer, L. E., & Sweeney, D. S. (2017/2017). 『모래상자치료』 (정경숙, 우주영, 역). 서울: 학지사.

Hope, J. (1997). *A visual Guide to the Spiritual World*. Duncan Baird Publishers.

Husserl, E. (1931). *Ideas: General introduction to pure phenomenology* (W. R. Boyce Gibson, Trans.). London: Allen & Unwin. (Original work published 1913)

Jacobi, J. (1959/1974). *Complex/archetype/symbol in the psychology of C. G. Jung*. Princeton, NJ: Princeton University Press.

Jo, J., & Kim, K. (2018). A case study on sandtray therapy for anxiety and self-concept of children at community child centers. *Journal of Sandtray Therapy*, *8*(1), 36-43.

Jooyoung, W. (2023). "Attachment Trauma and the Therapeutic Implications of *Temenos* in Sandtray Therapy". *Journal of Sandtray Therapy, 15.*

Jordan, J. V. (2010). *Relational-cultural therapy*. Washington, DC: American Psychological Association.

Jung, C. G. (1951/1959). *Aion: Researches into the phenomenology of the self* (Vol. 9ii of *Collected works*). Princeton University Press.

Jung, C. G. (1953-1979). *The collected works of C. G. Jung* (H. Read, M. Fordham, G. Adler, & R. F. C. Hull, Eds. & Trans.). Princeton University Press.

Jung, C. G. (1954/2001). 『정신요법의 기본문제』 (융 저작 번역위원회, 역). 서울: 솔.

Jung, C. G. (1956). *Symbols of transformation* (Vol. 5 of *Collected works*). Princeton University Press.

Jung, C. G. (1956/2005). 『상징과 리비도』 (융 저작 번역위원회, 역). 서울: 솔.

Jung, C. G. (1959). *The archetypes and the collective unconscious* (2nd ed.). Princeton, NJ: Princeton University Press.

Jung, C. G. (1959/2003). 『인격과 전이』 (융 저작 번역위원회, 역). 서울: 솔.

Jung, C. G. (1959/2016). 『아이온』 (김세영, 정명진, 역). 서울: 부글.

Jung, C. G. (1961/2007). 『기억, 꿈, 사상』 (조성기, 역). 서울: 김영사.

Jung, C. G. (1963/2004). 『연금술에서 본 구원의 관념』 (융 저작 번역위원회, 역). 서울: 솔.

Jung, C. G. (1963/2023). 『심리학과 연금술』 (정명진, 역). 서울: 부글.

Jung, C. G. (1964). *Man and his symbols*. Aldus Books.

Jung, C. G. (1964/2000). 『인간과 무의식의 상징』 (이부영 외, 역). 서울: 집문당.

Jung, C. G. (1968). *Psychology and alchemy* (Vol. 12 of *Collected works*). Princeton University Press.

Jung, C. G. (2001/2017). 『융합의 신비』 (김세영, 정명진, 역) 서울: 부글.

Kalff, D. M. (1971). Sandplay and the analytic relationship. *Spring: A Journal of Archetype and Culture, 23*, 147-162.

Kalff, D. M. (1971). Sandplay as a means of access to the unconscious. *Spring: A Journal of Archetype and Culture, 23*, 129-142.

Kalff, D. M. (1971). The therapeutic space in sandplay. *Spring: A Journal of Archetype and Culture, 23*, 129-146.

Kalff, D. M. (1980/2012). 『도라 칼프의 모래놀이: 융심리학적 치유법』 (이보섭, 역). 서울: 학지사.

Kalff, D. M. (2003). *Introduction to sandplay therapy*. Temenos Press.

Kalsched, D. (1996). *The inner world of trauma: Archetypal defenses of the personal spirit*. Routledge. Kim, K.H(1998). *Paper Child*. Seoul:Dongmunsa.

Kim, J., & Kim, K. (2010). The effect of sandtray therapy on interpersonal relationship improvement among university students. *Journal of Sandtray Therapy*, *1*(1), 83-102.

Kim, J., & Kim, K. (2011). Sandtray therapy case study of a child with emotional disorder: A case of Tourette syndrome. *Journal of Sandtray Therapy*, *2*(2), 39-61.

Kim, K. (2005). *Symbol and fantasy*. Yangseowon.

Kim, K. (2010). An analysis of the spatial symbolism in the Garden of Eden. *Journal of Sandtray Therapy*, *1*(1), 1-14.

Kim, K. (2014). The alchemy of sandtray therapy. Keynote lecture at the Korean Sandtray Therapy Association Conference.

Kim, K. (2016). Individuation in childhood. *Journal of Sandtray Therapy*, *6*(1), 2-12.

Kim, K. (2019). The relationship between sandtray therapy and alchemy. *Journal of Sandtray Therapy*, *9*, 2-18.

Kim, K. (2021). A study on the spatial symbolism of Soswaewon Garden. *Journal of Sandtray Therapy*, *11*, 46–68.

Kim, K. (2021). A study on the symbolic meaning of alchemical transformation stages. *Journal of Sandtray Therapy*, *11*, 2–19.

Kim, K. (2021). Alchemy and the divine child. Keynote lecture at the Korean Sandtray Therapy Association Conference.

Kim, K. (2022). *Sandtray therapy, alchemy, and symbols*. In *Festschrift in honor of Professor Kyung-Hee Kim's retirement*.

Kim, K., & Kim, S. (2013). A study on sandtray therapy for depression in upper elementary students. *Journal of Sandtray Therapy*, *3*(1), 19–35.

Kim, K., & Lee, H. J. (2005). *Sandtray play therapy*. Yangseowon.

Kim, K., & Sun, A. (2013). Symbols and psychological expression in sandtray therapy. *Journal of Sandtray Therapy*, *3*(1).

Kim, K., et al. (2018). *Introduction to sandtray therapy*. Pakyoungsa.

Linden, S. J. (2003). *The alchemy reader: From Hermes Trismegistus to Isaac Newton*. Cambridge: Cambridge University Press.

Lowenfeld, M. (1979). *The world technique*. George Allen & Unwin.

Marie-Louise, F. (1980). *Alchemy*. Inner City.

Martin, K. (2002). *The Book of Symbols*. Taschen.

McCormick, D. P. (1997). *Self-experience in Jungian analysis*. College Station, TX: Texas A&M University Press.

McWilliams, N. (2004). *Psychoanalytic psychotherapy: A practitioner's guide*. New York, NY: Guilford Press.

Mistlberger, P. T. (2014). *The Inner Light: Self-Realization via the Western Esoteric Tradition*. Mundi Books.

Neumann, E. (1954). *The origins and history of consciousness*. Princeton University Press.

Neumann, E. (1972). *The Great Mother: An Analysis of the Archetype*. Princeton, NJ.

Ogden, T. H. (1994). *Subjects of analysis*. Northvale, NJ: Jason Aronson.

Plato. (1997). *Plato: Complete works* (J. M. Cooper & D. S. Hutchinson, Eds.). Indianapolis: Hackett Publishing.

Plato. (1997). *Timaeus* (D. J. Zeyl, Trans.). In J. M. Cooper (Ed.), *Plato: Complete works* (pp. 1224–1291). Indianapolis: Hackett Publishing.

Plato. (2000). *Republic* (G. M. A. Grube, Trans., Rev. C. D. C. Reeve). Indianapolis: Hackett Publishing.

Rogers, C. (1961). *On becoming a person: A therapist's view of psychotherapy.* Houghton Mifflin.

Samuels, A. (1985). Jung and the concept of the self. *Journal of Analytical Psychology, 30*(1), 39–52.

Samuels, A. (1985). *Jung and the post-Jungians*. London: Routledge.

Samuels, A. (1986). Archetypal symbolism and the analytic process. *Journal of Analytical Psychology, 31*(1), 1-19.

Sartre, J. P. (1956). *Being and nothingness: An essay on phenomenological ontology* (H. E. Barnes, Trans.). New York: Philosophical Library. (Original work published 1943)

Singer, J. (1994). *Boundaries of the Soul: The Practice of Jung's Psychology*. Anchor Books.

Singer, T. (1995). The cultural complex and archetypal defenses of the collective. *Journal of Jungian Theory and Practice, 1*(2), 19–34.

Stein, M. (1993). Alchemy and healing symbolism. *Journal of Analytical Psychology, 38*(2), 123-138.

Symington, N. (1996). The therapist's unconscious and clinical practice. *Journal of Analytical Psychology, 41*(2), 237–251.

von Franz, M. L. (1980). *Alchemy: An introduction to the symbolism and the psychology*. Toronto, ON: Inner City Books.

von Franz, M. L. (1992). *Alchemical active imagination*. Shambhala.

Weinrib, E. L. (1983). *Images of the self: The sandplay therapy process*. Boston, MA: Sigo Press.

Winnicott, D. W. (1965). *The maturational processes and the facilitating environment*. London: Hogarth Press.

Winnicott, D. W. (1971/2005). *Playing and reality*. New York, NY: Routledge.

김경희

숙명여자대학교 아동복지학과 학사, 석사, 박사
현) 한국모래상자치료융연구원장
목포대학교 아동학과 교수 정년 퇴임
C. G. Jung Institute in Küsnacht, Switzerland :
Child & Adult Jungian Analyst
State University at New York Albany Visiting Scholar
한국모래상자치료학회초대회장. 한국아동권리학회장.
전남 아동학대 사례판정위원장, 법무부 성폭력 피해 전문심의위원,
APT Play Therapy Course 수료
North Texas University Play Therapy course 수료
P.E.T. 과정 수료. 교육강사
W.G.I. Reality Therapy & Choice Theory Course 수료
W.G.I. Faculty. Instructor & Supervisor
보건복지부 사회복지사
한국아동학회 공인상담전문가
한국상담심리학회 상담심리사 1급. 슈퍼바이저
한국모래상자치료학회 모래상자상담전문가, 교육분석가

주요 저서 및 논문

부모교육. 양서원. 1998.
종이아이. 동문사. 2000.
부모-자녀 놀이치료. 동문사. 2002.
모래상자 놀이치료. 양서원. 2005. (공저)
상징과 판타지. 양서원. 2005.
모래상자치료입문. 박영story. 2018. (공저)
모래상자치료의 연금술-상징. 정년퇴임기념집. 2022.
논문: 개성화의 신비, 모래상자치료의 역사와 비전, 에덴동산의 공간상징,
모래상자치료의 심상과 세계 외 다수
2015 International Conference on Social Science 우수논문상:
Alchemic Transformation of Human Creation

모래상자치료사

연금술 여정의 임상 실습 가이드

초판 1쇄 인쇄 / 2025년 10월 25일
초판 1쇄 발행 / 2025년 10월 30일

저 자 / 김 경 희
발행인 / 이 중 수
발행처 / 동 문 사

서울특별시 서대문구 홍제원 1길 12
(홍제동 137-8)
Tel: 02)736-3718(대), 736-3710, 3720
Fax: 02)736-3719
등록번호: 1974.04.27 제9-17호
가격: 22,000원

ISBN: 979-11-6328-720-9 (93180)
E-mail: dong736@naver.com
www.dongmunsa.com